JN292680

江戸時代選書 8

江戸城

田村栄太郎

雄山閣

江戸城

江戸城　目次

本書は、小社刊『江戸東京風俗地理1 千代田城とその周辺』から、「江戸城から宮城へ」の章を抜粋し、一部再編集を加え新装版としたものです（編集部）。

江戸城から宮城へ

江戸城築城

古江戸城

江戸城《えどじょう》は、室町《むろまち》時代の長禄《ちょうろく》元年（一四五七）に太田道灌《おおたどうかん》※(1)が初めて築《きず》いた城である。徳川氏が再拡張し、明治に皇居《こうきょ》として引き継がれた今の江戸城よりはかなり狭いものであった。今の皇《こう》城《じょう》の正門として周知の二重橋《にじゅうばし》※(2)より、紅葉山《もみじやま》・半蔵門《はんぞうもん》の線から左迄は、西《にし》の丸《まる》※(3)として、徳川氏が新しく築いた処であるから、ここを除いたものが古い江戸城の西の界《さかい》である。

『皇居御造営誌』によれば、紅葉山下には地盤《じばん》の断所があって、一大埋立地《うめたてち》が形成され、その一部分の如《ごと》きは深さ八十尺《しゃく》（約二十四メートル）にして、初めて天然土を得たという。紅葉山を要害《ようがい》（砦《とりで》）として造った城であるが、西南方は皆断崖《だんがい》であり、埋立ての置土《おきつち》の下は砂土《さど》であった。この西南方は、古くは海波《かいは》が岩崖を洗っていた処と思われる。外桜田《そとさくらだ》辺も、谷間であったのを、徳川氏に土地を割り当てられた大名が埋《う》めたのである。

紅葉山の外側には、今でも下道灌濠の名が残っているが、道灌のころは、自然の渓谷《けいこく》のままであったと思われる。西の丸の東部も埋立地であって、三十尺（約九メートル）掘って天然土を得たというから、やはり古くは海波が洗っていた処であろう。

今の大手町《おおてまち》は、江戸城の大手門《おおてもん》（城の正門）の処であり、ここが本丸《ほんまる》※(4)となっていたわけだが、道灌の築いた江戸城は、この本丸よりは狭い地域であった。江戸城本丸の北から西へかけては川が多かった。『長禄図』で、沼のような広さになっている処を神田川《かんだがわ》としてあるが、このころから神田川といったわけでなく、後に神田川と加筆したものである。この方面には幾筋も川筋があり、合して神田川となり、江戸城北の要害となっていた。これら諸流の存在は、今ではどうしても手掛りがないが、船着場《ふなつきば》の意味の船河原町、小石川《こいしかわ》・小川町《おがわまち》・三崎町《みさきちょう》などの地名から判断出来よう。一例を挙《あ》げると、池袋《いけぶくろ》周辺の川は白山《はくさん》に流れて、関口《せきぐち》・水道《すいどう》町・小日向《こひなた》・大曲を経《へ》て、船河原先で長延寺沼から流出する川と合するが、江戸時代初期ころは入江《いりえ》になっていて、白山下まで船が通れたという。『東京案内』の白山戸崎町の条を次に引いておく。

小石川戸崎町　昔時《せきじ》は伝通院《でんずういん》受領地なり。府内備考いう「伝うらく、古《いにし》へ此辺《このあたり》に池沼《ちしょう》あり、小石川の流れ池水《ちすい》に合し、以《もっ》て小川町辺に通ず。白山御殿建築の後、なお通船《つうせん》ありしが、水浅くして岸に達する能《あた》わず、渡る者、皆船をすてて徒行《とこう》せし」と。然《しか》れども正保《しょうほう》図には池の状見へず。寛文《かんぶん》元年（一六六一）餌差《えさし》※(5)の者の受領地となり、沮洳《そじょ》（浸湿の意味）居るべからざるを以て廃《はい》し、のち修築して市店を開き、舳先《へさき》町といい、更に今の名（舳先を戸崎に）に改む。

この流域の小日向辺も、江戸といっていた時代があるのは、江戸湊から川をさかのぼった船着場であったからといえる。参考のために『東京府地誌』の七丘陵を掲げておこう。皇居の後ろのⅢとⅣとⅤの渓谷である。

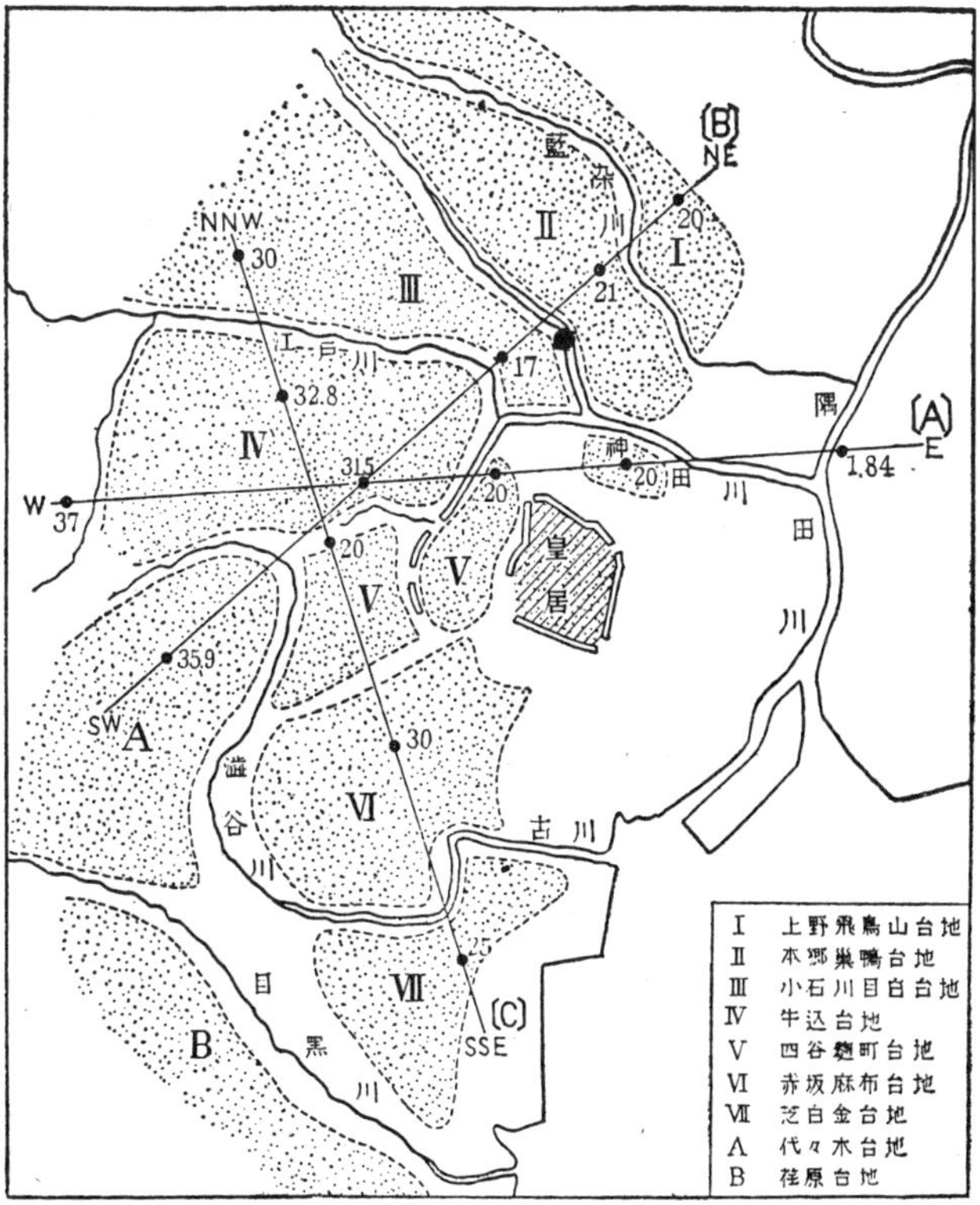

東京の七丘陵

この神田川へ合流する平川は、先に述べた太田道灌が築いた城の地の地名である。今の麹町《こうじまち》・平河町《ひらかわちょう》とは別物で、竹平町の処が一部分をなしている。竹平町とは、竹橋・平河二門をとった町名である。一ツ橋《ひとつばし》から堀を入った処で、大手町・大手門の隣地《りんち》であった。平河門内に平河天神《てんじん》があったが、この天神は河《かわ》越《ごえ》（現在の川越。戦国期には「河越」と書いた）

の三芳野天神《みよしのてんじん》を勧請《かんじょう》したもので、城地《じょうち》の平河を冠《かん》して平河天神といった。河越の三芳野神社は、もと氷川明神《ひかわみょうじん》を祭ったものだが、北野天満《きたのてんまん》天神を合したのである。江戸の平河天神と氷川明神とは別だん関連がなかったようである。今、皇城《こうじょう》内吹上御苑《ふきあげぎょえん》※(6)に甲州街道《こうしゅうかいどう》跡が残っているが、これは半蔵門《はんぞうもん》外の四谷《よつや》・新宿《しんじゅく》へ通じている。この甲州街道は、道灌等が鎌倉へ行く道としていた。平川に沿った宿場が江戸宿で、下流の江戸湊から、さらに奥州《おうしゅう》（陸奥《むつ》国の別称）へ通ずる街道であった。江戸宿の西南が江戸城であるが、地元は平河であるから、初めは平河城といったはずである。

以上の通り、江戸城は断崖と川とを要害とし、わずかに鎌倉へ行く平川口と、川口で海に面した江戸湊があいているだけであった。海に面していた日比谷《ひびや》にも平地は少なく、芝辺まで行くには海端は通れなかった。本丸だけは平坦な天然土で、高低はなかった。このような城型を平城《ひらじろ》といった。道灌築城前には結城《ゆうき》城があるけれども、江戸城が模範としたのは、『玉葉《ぎょくよう》』※(7)がいうところの「鎌倉城」であった。鎌倉は三方山に囲まれ、南は海に面した天然の要害《ようがい》だったからである。鎌倉は道灌の主人、扇谷《おうぎがやつ》に属する上杉管領《うえすぎかんれい》のいた処であった。江戸城は一方が川を要害としたという違いだけで、河越城も上杉の城であったから、そこの天神を江戸に移したわけである。

道灌没後の江戸城は、上杉管領の持城《もちじろ》となったが、城そのものに変化はなかった。小田原北《おだわらほう》条《じょう》時代になってからは、毎年夏普請《ふしん》をし、延人足《のべにんそく》四千八百余人を使ったが、いずれも修理程度であったらしい。また道路の修築ならびに掃除も行ったのは、味方の諸軍との連絡の必要からであって、飛脚《ひきやく》・伝馬《てんま》も完備した。ことに宿場道は小路《こうじ》といい、毎日宿民に掃除を命じていた。後の糀町《こうじまち》（麹町）の地名は、江戸宿の「小路」の転字といえ、江戸城口としては、今の外桜田に当たる小田原口が設《もう》けられた。高輪《たかなわ》の台へ出る道で、旧鎌倉街道の枝路であったのを小田原口としたのかもしれない。

天正《てんしょう》十八年（一五九〇）七月に、小田原の北条を攻めた豊臣秀吉《とよとみひでよし》は、奥州の伊達政宗《だてまさむね》を征《せい》するための遠征の途に、江戸城北曲輪《くるわ》平河口にある日蓮宗法恩寺《にちれんしゅうほうおんじ》に泊《とま》った。ここは江戸城正門の処である。同年八月一日には、徳川家康《とくがわいえやす》がここから江戸城へ入城した。

『天正日記《てんしょうにっき》』に

「八月朔日《さくじつ》、かのえむま、はれる。いちは迄藤兵衛・権右衛門、小かむひにて忠右衛門いろ〳〵書付出す。八半時貝塚御着、御膳召上《ごぜんめしあが》られ、七時すぎ御入城。めでたさ申ばかりなし。御供の衆小屋わり」

と見える。貝塚とは、貝塚の増上寺《ぞうじょうじ》、つまり赤坂喰違《あかさかくいちがい》（紀尾井町《きおいちょう》）にあった寺の事をいう。かくして小田原街道から江戸城へ入ったのが徳川家康であって、この時から「徳川氏の江戸城」となったのである。

古江戸湊

江戸湊《えどみなと》というのは、徳川家康が江戸城へ入城したころ——江戸市街を埋め立てる前——にい

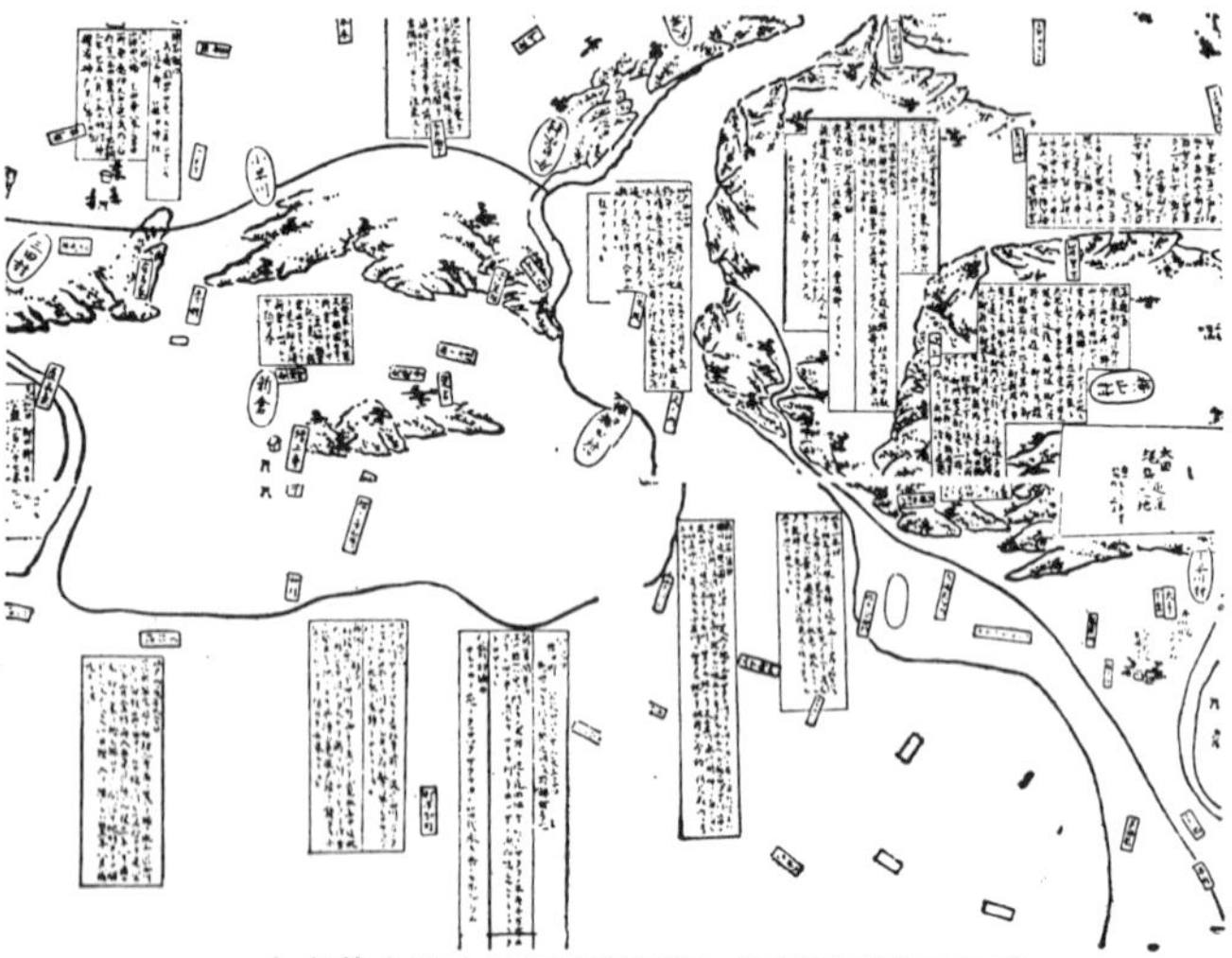

合考荏土覧古図江戸湊附近（長録年間江戸図）

われた港の事である。つまり家康が、天正十八年（一五九〇）七月に豊臣秀吉から関東を与えられ、文禄《ぶんろく》をすぎ、慶長《けいちょう》五年（一六〇〇）の関ケ原《せきがはら》戦勝をすぎ、同八年（一六〇三）征夷大将軍《せいいたいしょうぐん》に任《にん》ぜられ、翌九年（一六〇四）西国大名《さいごくだいみょう》に人質《ひとじち》を江戸へ送らせるようにしたころまでの間の港であった。このころにはすでに、江戸城および市街地の埋立ては、敗者の義務として、外様《とざま》大名にその労役が課されていた。

ここに掲《かか》げた地図は、太田道灌時代の『長禄年間江戸図』を基《もと》として、江戸市街がどのように埋め立てられたかを考証した『合考荏《え》土《と》（江戸）覧古図』の江戸湊附近の地図であり、考証は寛政《かんせい》年間（一七八九〜一八〇一）と推定される。この版では読みづらいと思うが、地図中にある「日比谷御門《ごもん》」「馬場先《ばばさき》御門」「ヤヨ（ウ）ス河岸」「和田倉門《わだくらもん》」「竜（辰）の口」「呉服橋《ごふくばし》」辺から「大手」に至る附近の海岸が江戸湊となっていたわけである。和田倉門先の海岸が現在の東京駅で、同駅の八重洲《やえす》口はヤヨ（ウ）ス河岸に当たる。

徳川氏入国前の江戸湊といえば、小田原の北条氏との間の往来船が見られる小港にすぎなかった。当時の船着場は、今の日比谷門辺であって、徳川氏の入城後も変わらなかった。これについて『新安手簡』には、次の通り見える。

唯今《ただいま》は桜田・大手御門と申すを、五六十年前迄は泊《とまり》船門と申しき。是《これ》は開国のはじめまで、今のヒビヤ（日比谷）門のほとりよりして、かの西南の大手までも船入の入江にて、船をも今の西（の）丸下の屋鋪（敷）近辺に泊め申し候故《そうろうゆえ》、ヤヨスカシ抔《など》申す名も、今に遺《のこ》り候。此節《このせつ》までは、東南の方も大半潮入《しおいり》の入江にて、西北の方大路《おおじ》と聞へ候。

終りの「大路」というのは鎌倉街道の事であって、麹町から浅草《あさくさ》へ通ずる道の事であった。芝《しば》の海岸を通る東海道《とうかいどう》は、当時まだ埋め立てられてはいなかった。この海辺一帯には漁民が住んでいたし、外桜田門は小田原門といい、鎌倉街道の新道も東海道の山の手を通っていた。

『落穂集』に次の通り見える。

御入国の節も、只今の外桜田御門立ち候所には、大きなる扉なしの木戸門《きどもん》立てこれあり、名をば小田原御門と申し候。只今のやよすかしの辺には、猟師共の家居《かきょ》これあり、肴《さかな》などかい求め候節は、右の猟師共方にて相調《ととの》へ申したる事に候。御入国の翌年あたりの事かと覚《おぼ》へ申し候。長雨《ながあめ》の以後、大

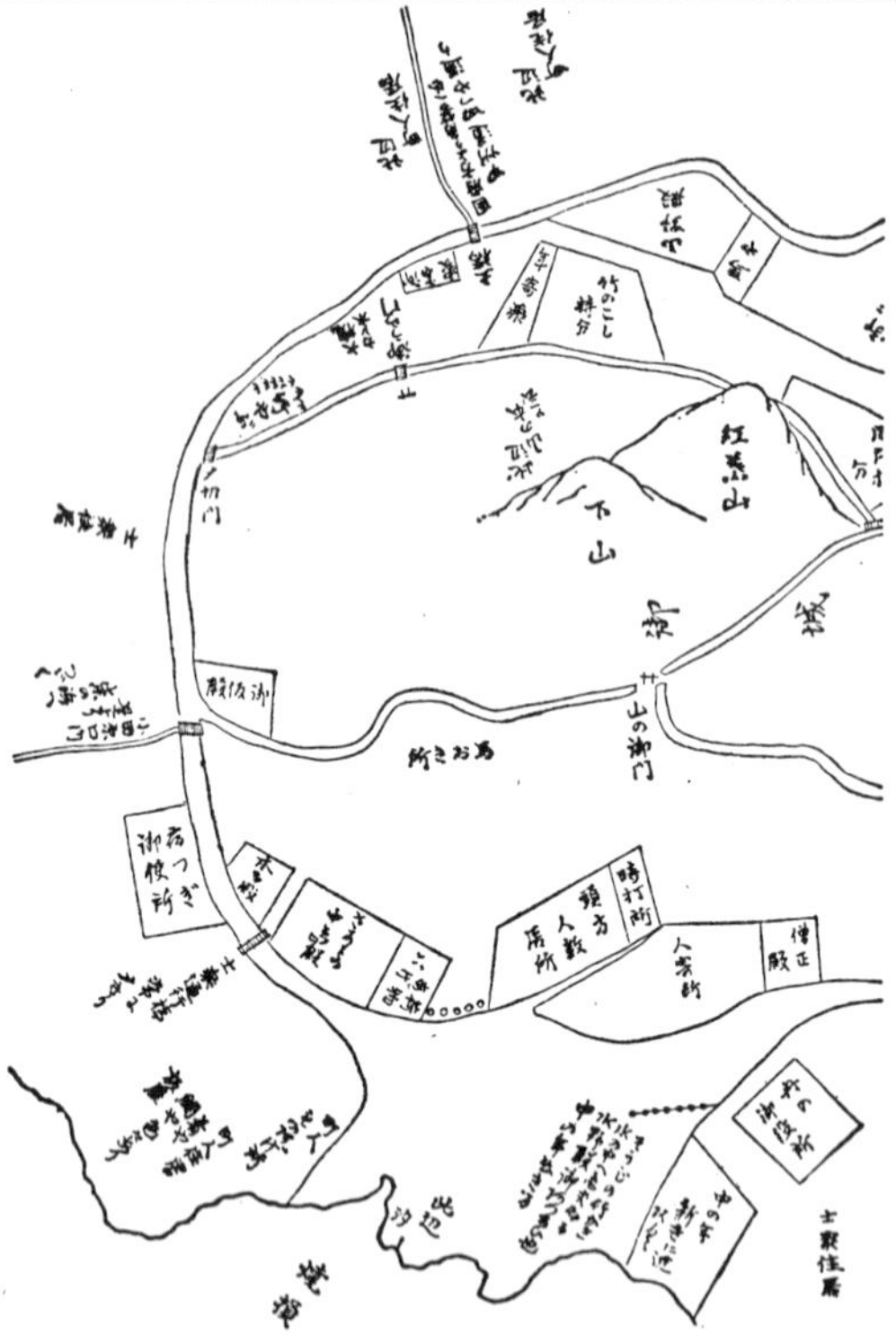

慶長七年江戸図

南風の吹き候義これあり、其節高汐揚げ、件《くだん》の猟師町へ水つき候故、猟師共、船に妻子を乗せ、家財を取って、只今《ただいま》馬場先御門内になり候あたりの畑中にこれあり候大木どもに船をつなぎ、食事抔《など》調へ罷《まか》り有り候を、御城へ御番に上り候迚《とても》、見かけ候よし。

慶長七年（一六〇二）というと、家康が江戸城へ来てから十年余になり、海岸の埋立ても少しは進んでいたのであるが、ここに掲げた『慶長七年江戸図』を見ると、埋め立てられて新しく設備された処と、もとのままの処とが見える。地図の下方右端に「舟の御役所」としてある処は八重洲河岸辺であって、埋立てになった処である。これから少し上の方の「荷物あげバ」としてある辺は馬場先門辺であるが、この荷物揚場《あげば》は江戸城へのもの、南岸には「町人もの阿げ所」と区別してある。この町人物揚所《ものあげ》の上の方に「宿つぎ御使所」としてあるのは、品川宿の問屋場へ人荷を継立《つぎたて》る伝馬町《てんまちょう》の前にあった処であるから、海岸通りを品川宿へ行く道は出来ていたらしい。

宿継御使所の上の方は小田原御門（後の外桜田門）であるが、「是《これ》より柴の浜へつづく」としてあるから、新東海道の芝の浜と解《かい》される。さらに上の方に「土橋　国府方より角筈《つのはず》へ出、甲《こう》州《しゅう》道四つや（四谷）通り」としてある土橋は半蔵門《はんぞうもん》であり、国府は多摩《たま》郡国府、甲斐《かい》国へ通じ、また鎌倉街道にも通じる処であった。

先述したヤヨ（ウ）ス河岸とは、甲比丹《カピタン》蘭人ヤンヤウスのいる処の意味である。慶長五年（一六〇〇）に和蘭《オランダ》船が豊後《ぶんご》に漂着《ひょうちゃく》したのを、家康は泉州《せんしゅう》（和泉《いずみ》国の別称）堺《さかい》浦に招き、さらに江戸へ廻航《かいこう》させ、この河岸にその居所《きょしょ》を与えたという。しかし、宅地を与えた正確な年はわかっていない。この船の航海長であったウイリアム・アダムスも同行して来たため、町名は航海士を意味する安針《あんじん》町となった。アダムス自身は横須賀《よこすか》に近い三浦《みうら》郡逸見《へみ》村に領地を与えられたので、三《み》浦安針《うらあんじん》と名乗るようになり、伝馬役人《てんまやくにん》の馬込勘解由《まごめかげゆ》の女《むすめ》を娶《めと》った。馬込を伝馬役人として成功させたともいえる混血であった。八重洲河岸を弥養子《やよす》河岸としたのもあるが、これはおもしろい宛《あて》字《じ》である。慶長五年から七年までの間に、海岸は右地図のように埋め立てられた。同八年（一六〇三）には城廻りの普請《ふしん》を外様大名および譜代《ふだい》大名に課《か》したので、急速に埋立ては進み、日本橋《にほんばし》川筋《かわすじ》・京橋《きょうばし》川筋を造って内港《ないこう》とするようにした。これが今の外濠《そとぼり》である。

江戸城修築

江戸城は太田道灌の築城から三百四十五年、北条の手にあること六十六年、北条の小田原城が陥落《かんらく》する二か月半前に徳川の手に帰《き》した。天正十八年（一五九〇）七月六日に小田原城は落ち、小田原城中でこの役の論功行賞《ろんこうこうしょう》が行われ、徳川の関東移封《いほう》が確定した。七月二十九日徳川家康は小田原を発し、八月朔日《ついたち》に江戸城へ入ったが、この日を江戸御打入と家来どもは礼讃《らいさん》し、江戸時代を通して「八朔《はっさく》の典」として祝うようになったのである。

徳川に引き継がれてからの江戸城は、兵器の進歩からは取り残されたままであって、三百余年前の道灌時代とあまり変化はなかった。江戸城は本丸・二《に》の丸《まる》※(8)・三《さん》の丸《まる》※(9)の三区に分かれ、その間には、それぞれ空堀があった。平河口から大手口・内桜田口に至る周辺の土居《どい》（城の周囲の土の垣）は芝土居《しばどい》で、石垣《いしがき》を築いた処は一か所もなく、竹木が茂り生え、軽い木戸門が四、五か所、城から海岸への出入口としてあり、小さな狭い堀もあった。

城内の遠山の居宅、侍屋敷はあったが、屋根は日光そぎ・甲州そぎである上に、古くしかも荒れていたし、玄関は船板の幅の広いのを二段に重ねて上がり段としただけで、板敷はなく土間であった。また台所は、萱葺《かやぶき》のひどく古い家であった。永《なが》い籠城《ろうじょう》で屋根は雨洩《あまも》りがし、そのしずくで畳・敷物なども腐《くさ》っていた。家康入城前に榊原《さかきばら》（康政《やすまさ》）が修繕をしておいたが、雨洩りなどはしなくなったという程度であった。

家康が入城してからは、まず本丸の普請《ふしん》に着手《ちやくしゆ》した。本丸と二の丸の間の幅十間ぐらいもあった濠を埋めて、三の丸との間の中仕切りに石垣を組んだ。この濠は、本来は天然の谷でもあったと思われるが、江戸近在の百姓を使役《しえき》し、今の上野《うえの》附近の土を運ばせたといわれ、しかも一荷について何十文かの賃銭を払って埋め立てたという話である。

家康は関東八か国を豊臣秀吉から与えられたが、旧領の三河《みかわ》・駿河《するが》・遠江《とおとうみ》・信濃《しなの》・甲斐《かい》の五か国を豊臣に返上したわけだから、徳川譜代の家来を新領地の何処《どこ》に配置するかをまず決めなければならなかった。でないと、江戸城普請の人夫の割当て目安が立たないからである。天正十九年（一五九一）から文禄《ぶんろく》元年（一五九二）にかけ、知行《ちぎよう》割当《わりあて》がきまった。そして、「一万石につき五人」と江戸城修築の人夫の課役《かえき》を命じ、初めて組織的な普請に入った。江戸城普請について、『参考落穂集』に見える家康の意見を次に掲げるが、大して独創的なものでもない。

家康公聞き召され、惣《そう》じて居城《きよじよう》の大小とあるは、城主の身上、相応の心得これあるべき事にて、本丸を始め、二三までの曲輪の儀は、塀《へい》・矢倉《やぐら》等の儀も随分念を入れ、丈夫《じようぶ》に致し候儀、尤《もつとも》に候。その他曲輪の儀も、一二の門升形《ますがた》等の儀は、急の普請に出来かね申すに付、かねて普請ども致しおかずしては叶《かな》わざる事に候。総構《そうかまえ》の塀などの儀は、その心掛けをさへ致しおき候へば、急用の節も出来申すものなれば、常に土居石垣許《ばか》りにて差置《さしお》きたるが善く候。長塀の掛置とあるは用に立たぬものにて、芸州《げいしゆう》（安芸《あき》国の別称）広島《ひろしま》の如《ごと》く、外郭《がいかく》塀を懸け廻され候には及び申すまじく候や。松永弾《まつながだん》正《じょう》（久秀《ひさひで》）が工夫にて、和州《わしゅう》（大和《やまと》国の別称）志貴《しぎ》（信貴）の城に致しおきたる多聞矢倉《たもんやぐら》※(10)と申すもの、二三の曲輪などには致しおきて一段と調法《ちょうほう》なるものに候。

文禄元年（一五九二）正月から、豊臣秀吉の朝鮮征伐《ちょうせんせいばつ》の挙が起った。このころ江戸では、普請奉行が任命され、三月には普請奉行の課役出仕の通知が一門・譜代に発され、西の丸の創築がはじまり、翌二年（一五九三）三月には大体の竣工《しゅんこう》をみた。この西の丸は家康の隠居《いんきょ》城とされ、御隠居曲輪とも呼ばれたが、当の家康は不在がちで、秀忠《ひでただ》が江戸城の留守を守り、本多正信《ほんだまさのぶ》・井《い》伊直政《なおまさ》・松平家忠《まつだいらいえただ》が工事の監督を行った。

同三年（一五九四）にも続いて増営していたところ、豊臣秀吉が家康に、伏見城《ふしみじょう》取立て※(11)の課役を命じたので、江戸城普請の方は中止するのやむなきに至った。伏見築城の費用は、課された徳川の負担である上に、過重な課役であって、徳川の家来に不平が多かったから、どうしても江戸城普請は中止しなければならなかったのである。

伏見城を築いた文禄三年の翌々年――文禄五年（一五九六）十月に、年号は慶長元年と改元《かいげん》され、この年に家康は内大臣となった。同三年（一五九八）八月に秀吉が歿《ぼっ》し、五年（一六〇〇）八月には関ケ原戦となる。その十月に関ケ原戦・西軍の主将石田三成《いしだみつなり》は斬《き》られ、同八年（一六〇三）二月、征夷大将軍《せいいたいしょうぐん》に任ぜられた家康は、徳川初代の将軍となった。

「征夷」とは蝦夷《えぞ》を征伐する総指揮者の意味である。この時代に蝦夷反乱などあるはずもなく、ばかげた空官ではあったが、足利《あしかが》の征夷大将軍をまねた、いわば押し売りされた仮名であった。

しかし外様大名を蝦夷に擬《ぎ》すれば当たらない事もなく、おそらくそうした意味合いを含んでの事であったようである。そしてこの時から、豊臣に与えられた江戸城をご破算《はさん》にし、日本の首都としての江戸城を再認識させるに至ったわけである。

ところで、改めて江戸城を首都とするとなると、徳川譜代大名だけではできる見込みが立たなかった。外様大名に対して、過酷な課役を命じなければ出来ない。そしてもし外様大名が徳川家の命に応じて江戸へ来なければ、古代の征夷と同じに討伐《とうばつ》するという事なのである。『見聞書』には次の通り、降参《こうさん》大名が江戸へ来る事が見えている。

関ケ原合戦の後、日本の諸大名衆、摂津《せっつ》国大坂《おおさか》にて（豊臣）秀頼《ひでより》公の御目見《おめみえ》なされ、其《その》つぎ武蔵《むさし》の国江戸へ御下候て、御礼仰出《おおせだ》され、江戸において御逗留《とうりゅう》、頓《ぬかずい》て国本へ御城なさる。次第に何《いず》れも江戸へ御詰候て、大坂へは御詰なされず候。

諸大名衆、年寄々々より御内証《ないしょう》にて、江戸へ御女中方そろそろ御引越なされ候。その後は、御普（譜）代衆の御女中方、日本のうち残らず江戸へ御引越なされ候。日本六十六ケ国御大名衆江戸において御屋敷御請取《うけとり》なされ、御普請候て、何れも結構に御普請なされ御詰候。

慶長十年（一六〇五）一月、家康は伏見城にいた。三月には三子秀忠《ひでただ》が伏見城へゆき、家康の大将軍辞任、秀忠の大将軍宣下《せんげ》を奏請《そうせい》。四月に秀忠が征夷大将軍内大臣となった。時に秀忠は二十七才。これによって家康は大御所《おおごしょ》と称《しょう》されたが、六月には江戸へ帰る事になった。

外様大名の助役

慶長十一年（一六〇六）二月までには、江戸城拡張の助役を命ぜられた外様大名が続々と江戸入りをした。その面々は毛利輝元《もうりてるもと》・加藤嘉明《かとうよしあき》・山内忠義《やまのうちただよし》・加藤清正《かとうきよまさ》・池田輝政《いけだてるまさ》・福島正則《ふくしままさのり》・森《もり》忠政《ただまさ》・黒田長政《くろだながまさ》・有馬豊氏《ありまとようじ》・京極高知《きょうごくたかとも》・細川忠興《ほそかわただおき》・池田忠継《いけだただつぐ》・浅野幸長《あさのよしなが》・鍋島勝茂《なべしまかつしげ》・寺沢広高《てらざわひろたか》その他であった。これらの助役は、高百石につき二人半程度の役を課され、それぞれ工事のための奉行《ぶぎょう》を任命し、幕府の奉行に附属した。

新江戸城の縄張《なわばり》は、秀吉在世時代から家康に信用されていた藤堂高虎《とうどうたかとら》が造り、平面図もこしらえて工事の奉行も定まり、工事分担の助役大名も決定した。内郭と外郭の境の石壁は、細川忠興・前田利光《まえだとしみつ》・池田輝政・加藤清正・福島正則・浅野幸長・黒田長政・田中吉政《たなかよしまさ》・鍋島勝茂・堀《ほり》尾可晴《およしはる》（吉晴）・山内忠義・毛利秀就《もうりひでなり》・有馬豊氏・生駒一正《いこまかずまさ》・寺沢広高・蜂須賀至鎮《はちすかよししげ》・藤堂高虎・京極高知・中村忠一《なかむらただかず》・加藤嘉明の受持ちであった。天守台の石垣は黒田長政、また本丸の石壁は山内忠義・保科正光《ほしなまさみつ》・吉田重勝《よしだしげかつ》に命ぜられた。本丸は毛利秀就・吉川広家《きっかわひろいえ》の掛《かか》りとなり、城廻りは遠藤慶隆《えんどうよしたか》らであった。

この石壁用の石は江戸にはなく、伊豆石《いずいし》を石船《いしぶね》で運んだので、多くは藩主《はんしゅ》自らが指揮に当たった。石船には百人持ちの石を二箇ずつのせて、毎月二回往復した。毎月六十艘《そう》の石船で、一万二千箇の石、すなわち百二十万人持ちの石を運んだ事になる。

五月になって石壁は出来上がった。加藤清正の発議《はつぎ》で、一万石ごとに二箇以上の石材を追加献上する事にしたが、運漕《うんそう》の途中、暴風雨のため沈没してしまった。そこで追加伊豆石の献上は、翌十二年（一六〇七）に持ち越された。これは関東の大名に命じたのだから、譜代大名だけになるが、上州中瀬（埼玉県大里郡）から、高一万石につき栗石《くりいし》二十坪《つぼ》（一間四方《いっけんしほう》の箱二十個）の割で利根川《とねがわ》を下した。この輸石の舟は幕府の舟であって、一万石分を五隻《せき》として貸した舟であり、関東大名の合計石高を百万石と見て、この五分の一の二十万石を天守造営《ぞうえい》に当て、五分の四は他へ廻した。天守造営は、関東大名に課された助役であった。

奥羽《おうう》・越後《えちご》・信濃《しなの》等の大名には、江戸城をめぐる城池《じょうち》すなわち塹壕《ざんごう》方が命ぜられた。この大名は仙台《せんだい》城《じょう》主《しゅ》伊達《だて》政宗《まさむね》・米沢《よねざわ》城主上杉景勝《うえすぎかげかつ》・会津《あいづ》城主蒲生秀行《がもうひでゆき》・山形《やまがた》城主最上義光《もがみよしあき》・久保田《くぼた》（秋田《あきた》）城主佐竹義宣《さたけよしのぶ》・春日山《かすがやま》（越後）城主堀忠俊《ほりただとし》・新発田《しばた》城主溝口秀勝《みぞぐちひでかつ》・村上《むらかみ》城主村上義明《むらかみよしあき》・中村（磐城《いわき》）城主相馬利胤《そうまとしたね》・高島《たかしま》（信濃）城主諏訪頼水《すわよりみず》らであった。

同年四月には、前の天守・石壁の広さを増強した。天守の礎塁の高さは八間であったのを十間とし、広さは二十四間四方とした。さらに大手門・中雀門《ちゅうじゃくもん》・玄関前門・御書院門を造営し、また内外郭境の石塁《せきるい》が六間であったのを八間とした。城内にあった平河天神社を城外に移し、山王《さんのう》社も三宅坂《みやけざか》上に移した。

以上は本丸の低い処、海抜《かいばつ》五メートル内外を石垣にし、堅固にする目的であったから、海抜二十メートル以上ある西の丸へは手をつけなかったが、同十六年（一六一一）から着手する事になった。吹上・紅葉山は海抜二十五メートルもあるので、本丸同様に石垣とする必要はなかった。しいて石垣にすれば、本丸用の伊豆石の数倍を必要としたし、崩《くず》して平《たい》らにすれば防禦《ぼうぎょ》価値が減《げん》ずるので、崖《がけ》を削《けず》って土塁《どるい》のままとし、上に石垣をめぐらしただけにしたのである。したがって本丸と西の丸とは、城郭としての均衡《きんこう》はとれていない事になるが、西の丸は優美であって、城郭の感じが少なかった。西の丸の助役は、先述した奥羽・信越の外様大名であったが、伊達政宗は半蔵門から桜田門、辰の口の濠まで掘《ほ》った。これで終わったわけではなく、同十九年（一六一四）には、さらに西国大名に石垣修築の助役を命じた。

同十七年（一六一二）、幕府は山林の検分使を諸国に派遣して良材を調べた。そして信州《しんしゅう》（信濃国の別称）伊那谷《いなだに》の材木がいいという事にきまり、信濃衆といっている信州大名に献上を命じた。その大名は、高遠《たかとお》城主保科正光・小諸《こもろ》城主仙石忠政《せんごくただまさ》・高島城主諏訪頼水・上田《うえだ》城主真田信之《さなだのぶゆき》等であった。材木は同十八年（一六一三）十月までという日限《にちげん》附きで、天竜川《てんりゅうがわ》を下して江戸へ廻送され、江戸城普請用となった。翌十九年は大坂冬の陣という急迫した年であったため、この十八年九月をもって一応工事が打ち切られた。同二十年（一六一五）五月に豊臣秀頼が死んで、豊臣氏は滅亡。これで名実共に江戸城の徳川氏に政権は移ったのである。そしてこの後も大名の助役は続いた。

江戸城再築の真の目的は、豊臣系として結束《けっそく》の危険ある外様大名の蓄財《ちくざい》を投じさせ、反逆させまいとするにあった。徳川氏を永遠に君主として仰《あお》がせる平和のための築城であり、この築城課役は外様大名を疲弊困憊《ひへいこんぱい》させるには成功したといえる。だが、これによって外様大名だけでなく、家臣も知行借上《ちぎょうかしあげ》という没収《ぼっしゅう》に苦しみ、領民は重税に泣いた。

もしこの徳川氏の命に従わなかったとしたら、外様大名は、討伐《とうばつ》され領地まで失うのである。たとえ窮迫《きゅうはく》しても、討伐されるよりはましだという事であろう。外見は強そうでいて、裏は弱い事、町人以下であった。しかも大名は、この弱い町人であるはずの高利貸資本家《こうりがししほんか》に、このころから再搾取《さくしゅ》され、明治の資本主義に心ならずも貢献した。その例を、毛利元就《もうりもとなり》の窮状《きゅうじょう》を訴えた『萩藩《はぎはん》の財政と撫育《ぶいく》』から引いて見よう。この藩は幕末の尊王攘夷《そんのうじょうい》になっても、資本主義社会が考えられなかった珍藩である。

特に幕府の手伝普請は、その初政に甚《はなはだ》しく、萩藩に課せられたもののみを見ても、慶長十一年（一六〇六）の江戸城本丸、同十二年（一六〇七）の駿河城《するがじょう》本丸、同十三年（一六〇八）の駿河城二の丸、同十四年（一六〇九）の丹波《たんば》の普請、同十五年（一六一〇）の名古屋城、同十九年（一六一四）の江戸城本丸、元和《げんな》六年（一六二〇）の大坂城修築等、僅《わず》か十五ケ年の間に七度の多きに及んでいる。かくて年々の収入は素《もと》よりその支出を償《つぐな》うに足《た》らず、已《や》むなく三都《さんと》（京都・江戸・大坂）の富商《ふしょう》より融通《ゆうずう》を受け、一時の急を凌《しの》いだのであったが、その結果は元和九年（一六二三）に至り、藩債の総額遂《つい》に銀四千貫目《かんめ》に達《たっ》した。

米銀の相場《そうば》は時と所とによって一定しないが、当時の平均に従い、銀百匁《もんめ》につき四石替の率によって換算《かんさん》すれば、銀四千貫目は米十六万石となる。即《すなわ》ち萩藩一ヶ年の御蔵入米《さいにゅうまい》を全部その返済に充《あ》てても二ヶ年を要する計算となり、その償却《しょうきゃく》は仲々容易なことではなかった。

寛永《かんえい》六年（一六二九）には、西の丸諸枡形平石垣、内郭の諸枡形石垣を造り、堀さらいもした。枡形というのは、城の内部を外から見えないように造るのであるが、詳しい事は後述する。同年新たに二の丸を独立させて同殿舎《でんしゃ》を造り、旧二の丸は三の丸になった。同十二年（一六三五）には、外郭の濠・石垣・枡形の工事を、関東・奥羽・北陸・中国・西国の大名に分担させて完成した。

※(1)**太田道灌**　室町中期の武将・歌人。築城《ちくじょう》、兵馬《へいば》の法など、広く諸学に知識が深かった。主君の扇谷家・上杉定正《さだまさ》に、謀反《むほん》の疑いを持たれて謀殺《ぼうさつ》された。

※(2)**二重橋**　一般に、皇居正門前に架《か》かる二つの橋を総称して呼ぶ事もあるが、厳密には奥の橋（西の丸下乗橋）を指す通称である。木造橋だった江戸時代、濠が深くて架けられないため、下部に通行出来ない橋を造り、それを土台にしてその上に橋を架けるという二重構造になっていた事からこの名がついた。

※(3)**西の丸**　江戸城本丸の西の一郭をいう。将軍の世子《せいし》の居所であり、将軍を退いた後の隠居所ともなった。現在はこの一部が皇居となっている。

※(4)**本丸**　城の中心になる部分。天守閣《てんしゅかく》を築いた最も主要な郭《くるわ》で、周囲には濠をめぐらす。

※(5)**餌差**　江戸幕府で、鷹匠《たかじょう》の部下に属した職名。

※(6)**吹上御苑**　もと江戸城西の丸の北西にあった大きな庭園。東京遷都《せんと》で皇城が旧西の丸に置かれてから、皇居の内苑《ないえん》となった。天皇皇后両陛下のお住まいである御所《ごしょ》はこの中にある。

※(7)**『玉葉』** 平安《へいあん》末から鎌倉初期の公家《くげ》・九条兼実《くじょうかねざね》の日記。源頼朝《みなもとのよりとも》の挙兵《きょへい》やその動向、対朝廷交渉を伝える記事など、源平《げんぺい》・鎌倉初期の政局の実相《じっそう》を詳述《しょうじゅつ》した貴重な史料。

※(8)**二の丸** 城の本丸すなわち本城の外側を囲う郭。

※(9)**三の丸** 城の二の丸を囲む外郭の部分。三の郭。

※(10)**多聞矢倉** 塁上に長屋状に築いた櫓《やぐら》（矢倉）の事。城壁を兼ね、兵器庫などに用いられた。戦国時代、大和の松永久秀が居城の「多聞山城」に初めて築いたのがその始まりといわれる。近世城郭には、ほとんどこの櫓が築かれていた。

※(11)**伏見城** 豊臣秀吉が晩年京都の伏見に建てた邸宅式の城郭。秀吉の死後は徳川家康が住んだ。三代将軍家光《いえみつ》の時、一国一城の法度《はっと》により廃城となり、取り壊されたが、その遺構は、大徳寺《だいとくじ》・西本願寺《にしほんがんじ》・豊国《とよくに》神社《じんじゃ》などに移されて現存している。

江戸城門

江戸城の内郭

江戸城の本丸《ほんまる》は本城《ほんじょう》の最高部を占《し》め、東西三町《ちょう》余、南北七町、面積は三万四千五百余坪《つぼ》、最北隅に五重の天守閣《てんしゅかく》※(1)を置き、東南隅に三重の富士見櫓《ふじみやぐら》※(2)を造った。本丸の東に二《に》の丸《まる》・三《さん》の丸《まる》があり、三の丸の玄関門は平河門《ひらかわもん》であった。西《にし》の丸《まる》は本城の西南部にあり、東西四町、南北八町、周囲二十三町、面積は八万一千坪で、区域は西の丸と紅葉山《もみじやま》の神域とに分けられた。

吹上《ふきあげ》・北《きた》の丸《まる》（将軍家の正妻の座所）は、本丸・二・三の丸を側面から掩護《えんご》する内郭《うちくるわ》であって、北の丸から田安門《たやすもん》・清水門《しみずもん》・竹橋門《たけばしもん》・半蔵門《はんぞうもん》に通じていて、いずれも内濠《うちぼり》があった。江戸城西の丸前の、現在は丸《まる》の内《うち》という町名になっている処、つまり東京駅前一帯であるが、ここはもと大名小路といった処であり、この辺も江戸城の内郭に当たっていた。郭（曲輪）は「城壁《じょうへき》」の事を意味し、濠《ほり》（壕）の字を使って内濠ともいっている。

内郭を三郭に分けると、㈠は大手《おおて》前郭である。北は雉子橋《きじばし》の上から常盤橋《ときわばし》門まで、南は辰の口

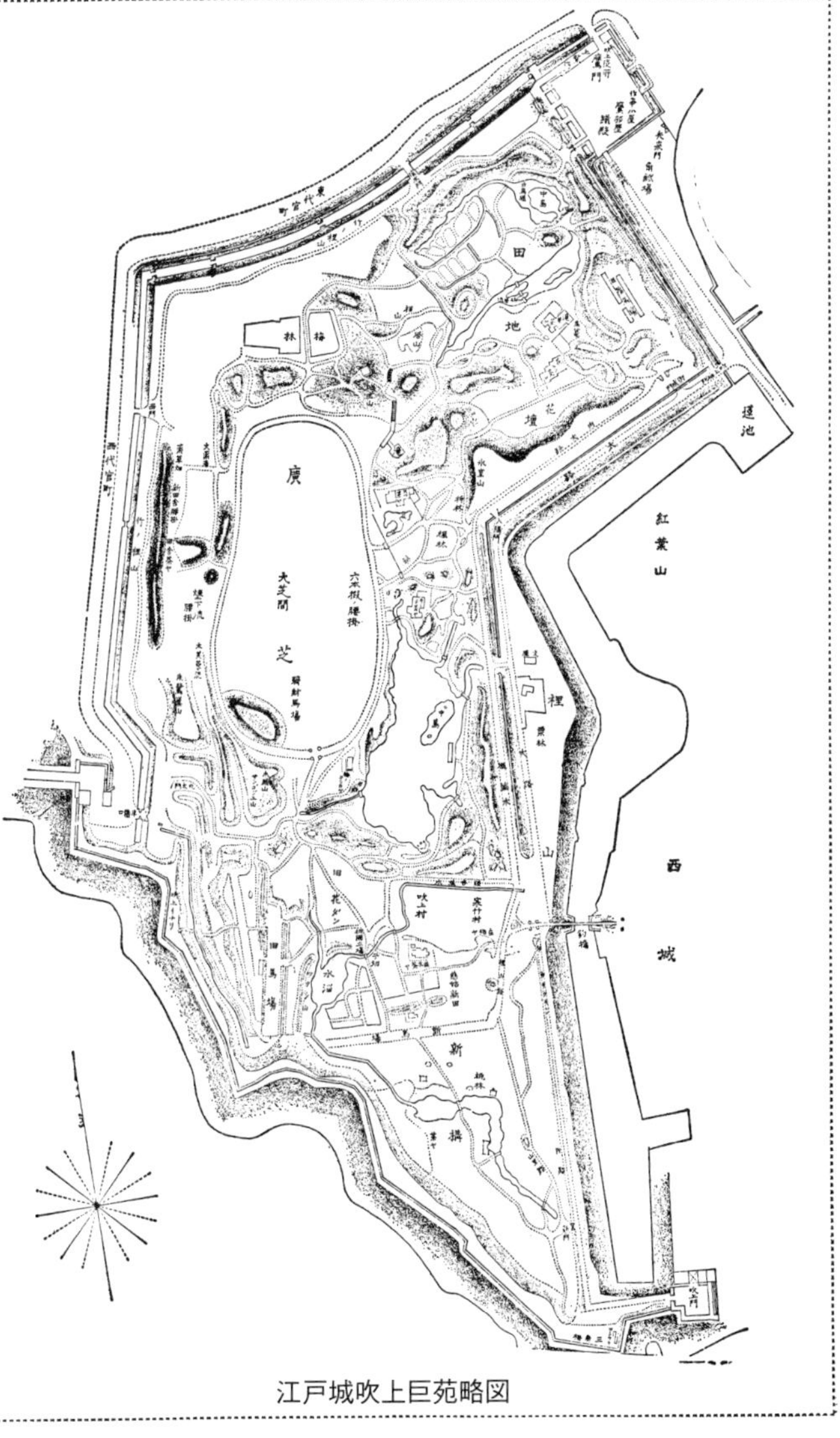

江戸城吹上巨苑略図

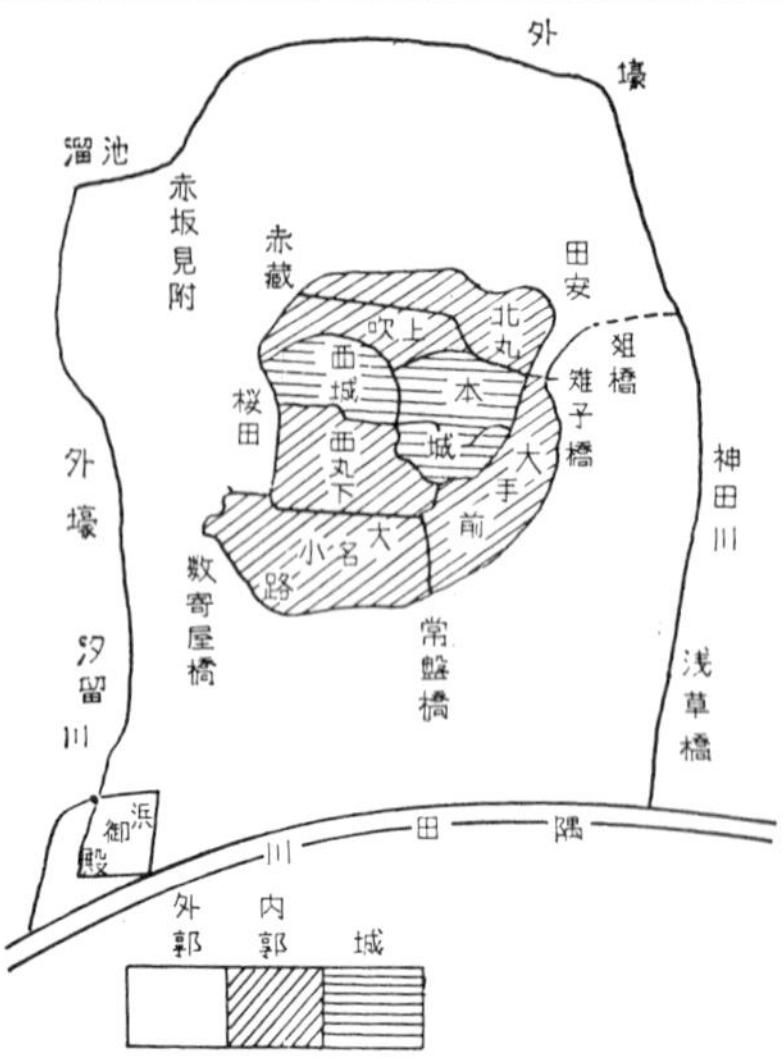

江戸城の外郭と内郭

堰《せき》上から道三堀《どうさんぼり》を常盤橋門まで、西は大手門の堀から竹橋門・清水門までの区域で、橋には枡形《ますがた》門を設けてあった。この地域から西の丸下郭外へかけてが、今の丸の内といわれている処である。

(二)は西の丸下郭で西の丸前の広場、外《そと》桜田門《さくらだもん》から日比谷《ひびや》への堀、日比谷から和田倉門《わだくらもん》を連《つら》ねる堀の内部をいったのである。この郭内は幕府《ばくふ》職員の邸《やしき》、すなわち御用屋敷のあった地域である。

(三)は大名小路郭で、西の丸下郭の東、大手前郭の南の地域である。辰の口から常盤橋、常盤橋から数寄屋橋《すきやばし》門まで、数寄屋橋から日比谷門、日比谷門から辰の口までの堀の内郭である。ここではっきりわかるのは、今の皇城《こうじょう》前の内濠と、東京駅八重洲口《やえすぐち》の外濠《そとぼり》にはさまれた処が、大名小路と称して内郭になっていたという事である。今の内濠・外濠だけの知識だけでは、簡単に片づけられない処といえる。以上を大づかみにいえば、左渦巻《うずまき》型ともいう形になっていた。

ここに掲《かか》げた『慶長《けいちょう》江戸図』は、まだ郭が完成しなかったころの、江戸城と内郭であって、

上の方には半蔵門とその内郭、下の方は先述した三つの内郭一帯が示されている。右下に「浅草口橋」とあるのが、後の常盤橋である。大名小路などについては別に述べる事にする。

江戸城の外郭

次に外郭だが、これは四区域に分けられる。外郭は外濠に囲まれた地域であって、東西は約五十町、南北は三十五町、周囲は約四里にわたっている。

一区域は、赤坂《あかさか》から四谷《よつや》・市ケ《いちが》谷《や》・牛込《うしごめ》の外濠を飯田町《いいだまち》下の雉子橋の手前辺まで、それから牛ケ《うしが》淵《ふち》・千鳥《ちどり》ケ淵《がふち》堀を半蔵門辺までゆく内側である。ここは全部高台であって、海抜《かいばつ》二十五ないし三十メートルである。江戸城を攻撃された時、もっとも防禦《ぼうぎょ》上の危険のある処であったから、深く広い濠をめぐらして、新宿《しんじゅく》・四谷方面と絶縁し、郭内にはことごとく旗本《はたもと》屋敷を置いた。これは番町《ばんちょう》の旗本屋敷といわれた。なお濠外には、紀州《きしゅう》（紀伊《きい》国の別称）・尾州《びしゅう》（尾張《おわり》国の別称）等の親藩《しんぱん》屋敷を置いて万一に備えた。

二区域は、桜田門下の堀から日比谷・山下《やました》・幸橋《さいわいばし》の堀を廻って、虎ノ門《とらのもん》・溜池《ためいけ》・赤坂門まで、赤坂門から弁慶堀《べんけいぼり》までを結んだ内側である。虎ノ門辺からは石垣《いしがき》を築いていた。この辺は、全部が大名《だいみょう》・旗本の屋敷で、町家《まちや》は一軒もなかった。南方を攻撃される事を警戒し、注意を払っていたといえる。

三区域は、この東部に連なる平坦地《へいたんち》で、北は日本橋川《にほんばしがわ》、西は大名小路郭の内濠を山下門（山下門から先は外濠となる）、幸橋門で東へ折れて新橋川になり、浜御殿（現在の浜離宮恩賜庭園《はまりきゅうおんしていえん》）まで下って汐留川《しおどめ》となっている。この線に包まれた中を一区画とするのである。浜御殿は、江戸城の分派堡として東海道《とうかいどう》――特に海手《うみて》正面の警戒に任じた。敵海軍《かいぐん》の攻撃について、このころはさほど重大には考えていなかった。南に芝口門があるが、その門から濠に添《そ》って東へ二十三間《けん》、高さ三間三尺《しゃく》五寸《すん》の石垣を築《きず》いた。汐留橋（蓬萊橋）へ向かって角櫓《すみやぐら》（城郭の隅の櫓）があるが、この櫓台は七間四方、石垣の高さ外濠側四間一尺、内側二間一尺で、芝口門に大番所があった。ここは、東海道方面から来る敵に対する警戒の要所であった。

四区域は、飯田町から常盤町へ、常盤橋から日本橋川を隅田川《すみだがわ》まで、また一方は飯田町下から神田川《かんだがわ》を隅田川まで区切った地域である。この中流には駿河台《するがだい》があり、重要な防禦地となっていた。また筋違橋門《すじかいばしもん》の下流には浅草《あさくさ》門を構え、郭外への交通を守っていた。この地域の上流・中流は大名・旗本の屋敷、下流は商業地によって占められていた。（この区分は主として『麹町《こうじまち》区史』に依《よ》る）

三十六門

江戸城の城門は六十六門あるが、このうち大は六門、中と小は合わせて六十門であった。門の外には櫓・多門《たもん》（多聞）を造って眺望《ちょうぼう》警戒の場所としてあった。櫓も多門ももとは同じであるが、二・三層以上を櫓といい、長屋造りを多門といっていた。

枡形《ますがた》（城門）というのは、第一門を入ると、前面は石垣に突き当たるように造ってあり、第二門はその突当たりの右か左に建ててある。全体としては口の字の四角形に造ってある門であった。枡形の前の堀に木橋を架し、有事《ゆうじ》の際にはこれを切り落して断《た》とうというのである。土橋と書いてあるのも、この木橋であった。ここに見張《みはり》所を設《もう》けて番人に監視させる処を見付《みつけ》（附）といっている。

次頁に実例として掲げたのは、宝永《ほうえい》七年（一七一〇）朝鮮《ちょうせん》使臣が来た時に建てた新しい芝口

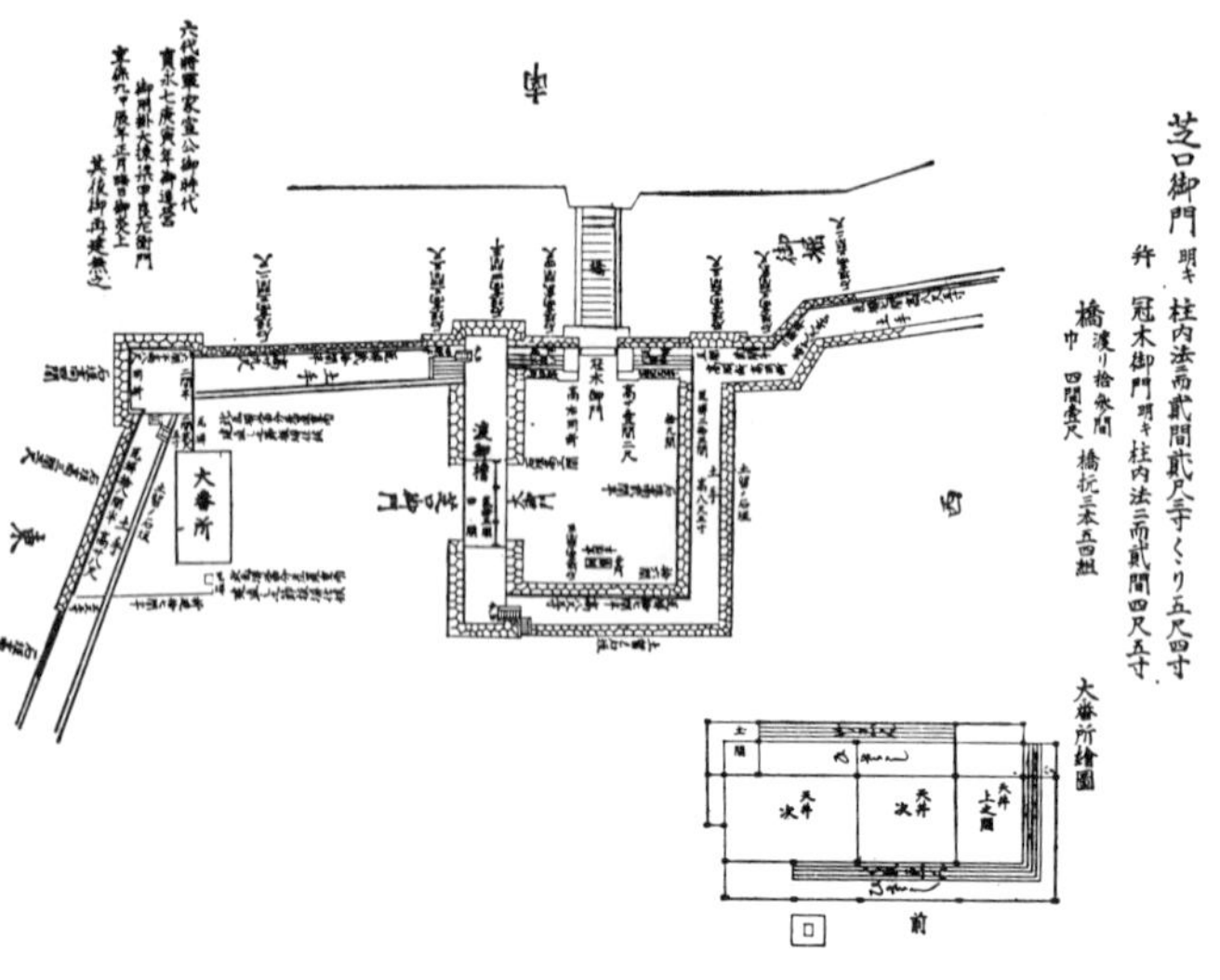

宝永七年朝鮮使臣来貢の時建造の芝口門

門である。立派《りっぱ》な図が残っているので掲げてみた。この門によって、江戸城門の構造の大体がわかると思う。

江戸時代から明治《めいじ》・大正《たいしょう》へかけて、江戸城の三十六門・三十六見付というのが知られているが、この三十六門はそれぞれ異説があり、特に幕府で規定した三十六門というのはない。『御府内《ごふない》備考』の「御曲輪内」の初めに城門名が並べてあるが、合計は三十三門になる。松平太郎氏が旧幕臣《ばくしん》に聞いて書いた『江戸時代制度の研究』には、三十六門は外郭十八門、内郭十八門、計三十六門であるとし、その門名を次の通り記している。

外郭門は浅草門・筋違橋門・小石川《こいしかわ》門・牛込門・市ケ谷門・四谷門・赤坂

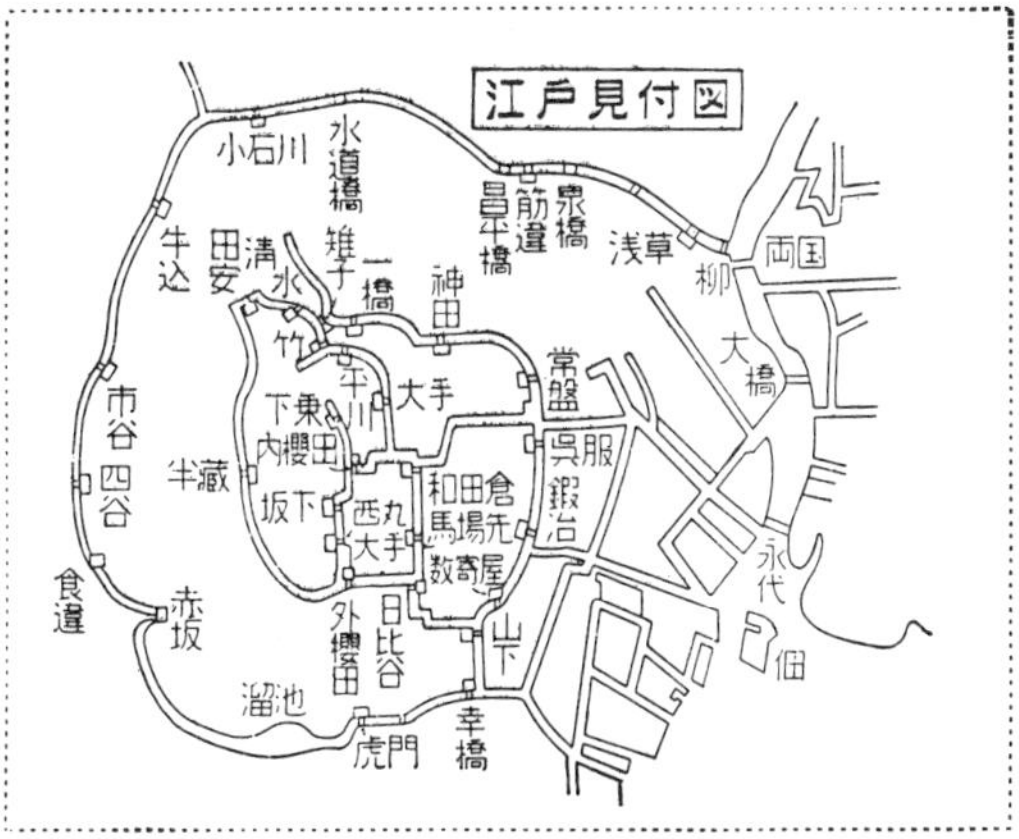

門・虎（ノ）門・山下門・幸橋門・日比谷門・数寄屋橋門・鍛冶橋《かじばし》門・呉服橋《ごふくばし》門・常盤橋門・神田橋門・一《ひと》（ツ《つ》）橋《ばし》門・雉子橋門の十八である。**内郭門**は、和田倉門・馬場先《ばばさき》門・外桜田《そとさくらだ》門・田安門・半蔵門・竹橋門・清水門・大手門・大手三門（一名百人番所《ひゃくにんばんしょ》門といった）・内桜田《うちさくらだ》門（桔梗《ききょう》門）、・西（の）丸大手門・平川（河）梅林門・北桔橋《きたはねばし》門・寺沢門・蓮池門・下梅林門・上梅林門・阪（坂）下門の十八である。

このうち内郭門には市民の知らない門があるから、どうやら旗本がつくった三十六門だといえる。

『御府内備考』に出ている三十三門の大体は同じであるが、大手三門と寺沢・蓮池・上下梅林が脱《ぬ》けていて、矢来《やらい》門（後掲の『吹上苑略図』右上端に見える）と喰《くい》違《ちがい》門が加えてある。明治・大正ごろの三十六門は問題にならないが、『江戸建築叢話《そうわ》』（工学・経済学博士大熊喜邦）の枡形の外郭二十六門と内郭十門とで、合わせて門形三十六門にはなる。

城門には枡形でない門もある。有名なのは内桜田門で、外から内は見通しであった。『柳営《りゅうえい》秘鑑』は江戸城の要《よう》害《がい》を説《と》いて

本城の縄張にさのみ構《かま》わず。すべて天下の城に、は

づすと言事あり、その所以《ゆえん》は、縄張の法式《ほうしき》をはづすなり。たとへば内桜田御門の、外より内の様子見ゆるようなる事なり。これ御治世《ちせい》に甚徳ある故《ゆえ》なり

といっている。

大手門

慶長地図の御本丸の下の内濠の処に架した大手土橋にある門を大手門といい、その外の濠に架してあるのが大橋である。大手門は東面し、西の丸大手門より城壁門の多い構造であって、この門内に大手三の門があり、百人番所があるので、百人番所御門（甲賀組忍者詰所《こうがぐみにんじゃつめしょ》）ともいった（次頁写真参照）。三の門を入ると、中の門または二の門というのがあり、中の門を入ると中雀《ちゅうじゃく》門または玄関前門というのがある。これは本丸玄関に入る門であって、敵の進撃を防禦する門構えに造ってあり、この大手門番を勤《つと》めるのは、譜代《ふだい》大名であった。

この門は藤堂高虎《とうどうたかとら》が縄張をし、かつ築造まで一切したのであるが、元和《げんな》六年（一六二〇）になって、幕府《ばくふ》は伊達政宗《だてまさむね》に、左右十三町にわたる石垣と枡形石垣の改造を命じた。これは非常に金のかかる大工事となり、伊達はこの役のために人夫四十二万三千余人、黄金二千六百七十六枚を費《つい》やしたという。これは、やがて仙台藩《せんだいはん》財政難の遠因《えんいん》となり、伊達騒動《だてそうどう》もこのやりくり難《なん》から起っているといえる。このように堅固《けんご》に造った大手門ではあったが、結局一戦もせず、戊辰戦《ぼしんせん》の

百人番所

薩長《さっちょう》軍に対しても、そのまま開門して開け渡した。

享保《きょうほう》六年（一七二一）に大手・内桜田・西の丸大手の三門に下した定書《さだめがき》がある。重要なものでないので、このうち二箇条だけ次に掲げておこう。

一、御門の開閉、卯《う》の刻《こく》（午前六時）に開き、酉《とり》の刻（午後六時）に閉《と》ぢ、あやしきもの出入せば改むべし。

一、下馬札《げばふだ》の許《もと》より下乗《げじょう》の門迄《まで》召《め》し具《ぐ》する従者《じゅうしゃ》の制《せい》は、先々の如《ごと》くなるべし。

大手門から出入する大名・旗本としては、各自が見栄《みえ》を張ろうとする競争的態度に出た。いずれ滑稽《こっけい》味豊かであるけれども、これについては「登城の風俗」の項で述べる事にしたい。さて、大手門外には下馬札が立ててあって、乗輿《じょうよ》以上の資格のある者の他は、皆ここで下馬・下乗させられた。またこれより内には供人数を減じ、定規《ていき》外の人数は此所に残しておくのが通例であった。大手門の他に、内桜田・西の丸大手・平河口・坂下門・矢来門外の堀端《ほりばた》にも下馬札が立ててあった。

諸大名・諸役人等《ら》が総出仕《しゅっし》する時は、下馬所の大手・西の丸大手・内桜田が混雑するので、和田倉・馬場先・外桜田の三門の外《そと》を下馬所とし、これを外下馬《そとげば》といった。また下乗所というのは、本丸では二之門外張番所際《きわ》、西の丸では大手橋際であり、日光門主《にっこうもんしゅ》・三家《さんけ》※(3)等の他は、此所で下乗しなければならなかった。

内桜田門

この門は、豊島《としま》郡との境になる古代の荏原《えばら》郡桜田郷の「桜田」の名を残している処であった。内桜田門というのは、江戸城本丸の南門で、慶長地図には、御本丸と和田倉の中間に当たっている。次頁に掲げた写真の瓦《かわら》門がそれである。この門よりも背後に見える櫓門《やぐらもん》が重要であった。

この門の屋根瓦に、太田道灌《おおたどうかん》の家紋《かもん》である処の桔梗《ききょう》が彫《ほ》ってあるので桔梗門といったという説があるが、これは眉《まゆ》つばと思われる。あるいは二の丸辺に、後の駒込吉祥寺《こまごめきちじょうじ》の前身である吉祥庵というのがあるため吉祥門といったのだという説もあるが、これも怪《あや》しいものである。『江戸志』には、小野高尚所持《しょじ》の江戸古図に吉慶御門と見えるという。また『武江《ぶこう》図説』では、寛永《かんえい》に将軍が上洛《じょうらく》して帰った際、帰京の祝儀を表して門を建てたという説もある。この意味からすれば、吉慶御門というのが真実らしい。

もう一つ、最古の泊《とまり》船門というのがあった。前項「江戸城築城」でも引用したが、『新安手簡』に、次の通り見える。ここは初めの江戸湊の側面観ともいえる処である。

内　桜　田　門

泊船門のこと御尋《たずね》にて候《そうろう》。

江城の景境には、たしかに泊船軒とか覚《おぼえ》候。門と申《もう》すは、ふるき御目付《おめつけ》役所の帳簿《ちょうぼ》にも候と承《うけたまわり》候。唯今《ただいま》は桜田大手御門と申すを、五六十年前迄は泊船門と申しき。是《これ》は開国《かいこく》のはじめまで、今のヒビヤ（日比谷）門のほとりよりして、かの西南の大手までも船入の入江にて、船をも今の西（の）丸下の屋鋪（敷）近辺に泊め申し候故《ゆえ》、ヤヨスカシ（八重洲河岸）抔《など》申す名も今に遺《のこ》り候。此節《このせつ》までは、東南の方も大半潮入《たいはんしおいり》の入江《いりえ》にて、西北の方、大路と聞へ候。関《せき》（ケ《が》）原《はら》役後に大名も漸々《ぜんぜん》（次第次第に）入来られしよりして、漸々東南の水地を築き、屋鋪にも町にもなり候か、もと桜田の御殿つき立られし方は、此時急かれ候間、材木を下にして、土を積み築立候とて、地震の度々に、彼辺は他所より地動きやすく候て、家を損せしこと、既に三度におよびしか、唯今虎（ノ）門の前のヒビヤ町と申すは、ヒビヤ門のほとりに候いしが、ひけたるに候と。

『御府内備考』では、江戸城門の首位に大手御門、次に内桜田門、次に平河御門、次に西の丸大手御門という順序にしてある。これは、本丸を主とし、西の丸を副とするからである。明治以降、西の丸の皇居を首位に置いているのは時代の違いによるのである。

平河門

平河門というのは、今の平河町の処ではなく、古くからの平川宿があった一ツ橋門・竹橋門を入った処であるが、慶長地図に橋名は見えない。太田道灌時代からの正門傍《そば》に建てられた門である。文明《ぶんめい》八年（一四七六）ごろ「江戸の城より東を望めば平川 縹渺《ひょうびょう》」といわれた平川を埋め立てた処である。江戸時代になってからは、御先手《さきて》頭《がしら》を長とする与力《よりき》・同心《どうしん》が守備し、本丸の奥女中《おくじょちゅう》※(4)の出入門となっていた。

平川堀から見た平河門

西の丸大手門（二重橋）

慶長地図には橋名が見えないが、地図の左端の桜田土橋（外桜田門）を入った始めの濠の曲がった処を西の丸大手という。西の丸大手と本丸南門である内桜田門との間にあるのが坂下門である。西の丸大手門は、門その物よりも、美を尽《つ》くして造られた橋が有名である。橋架の上にさらに設けた橋であるから、二重橋といった。登城する者がここで下乗する事は、本丸の下乗と同じであるから、西の丸下乗橋といった。

西の丸玄関前の門外にあったこの橋は、江戸時代は木造橋であった。二重橋の葱花子（擬宝珠《ぎぼし》）銘《めい》には、「慶長《けいちょう》十九年（一六一四）甲寅《きのえとら》八月吉日・御大工権名伊予」と彫《ほ》ってあり、橋欄干《らんかん》の葱花子には、「寛永甲子《かんえいきのえね》年八月吉日・御大工権名源左衛門吉勝・長谷川越後守《えちごのかみ》・椎名兵庫《ひょうご》頭」と彫ってあった。皇居になってから、木橋を石橋に改めたのが、現代の二重橋である。

下に掲げた写真の右上が西の丸下乗橋である。同下の写真は旧江戸城二重橋内の高塁《こうるい》（塁）上から北方を望んだものであり、中央の遠くに見える三重櫓は本丸西南隅の富士見櫓、右端の城門は和田倉

現在の二重橋と西の丸大手門

西の丸下橋（右肩乗）と二重橋内の遠景

門、右の白壁の建物は大名屋敷である。別に挙げた前頁上の写真は、現在の二重橋と西の丸大手門の櫓門である。

坂下門

西の丸大手と内桜田門の間にあって、西の丸造営後に出来た新門である。また、文久《ぶんきゅう》二年（一八六二）一月に、老中《ろうじゅう》安藤《あんどう》対馬守《つしまのかみ》（信正《のぶまさ》・磐城平《いわきたいら》・五万石）を尊王攘夷《そんのうじょうい》の水戸浪人《ろうにん》等が襲撃し、失敗したので知られている処である。老中襲撃をくわだてた水戸浪士の名は、細谷忠斉・吉野政之助・相田千之丞・浅田儀助らで、この他に宇都宮藩《うつのみやはん》の三島三郎、越後の豊原邦之助等が加わり、安政《あんせい》七年（一八六〇）桜田事変《さくらだじへん》の井伊大老《いいたいろう》暗殺に関連した孝《こう》明《めい》天皇を廃《はい》するという風説《ふうせつ》がからまっていた。刺客《しかく》の浪人は、自分たちの実力を

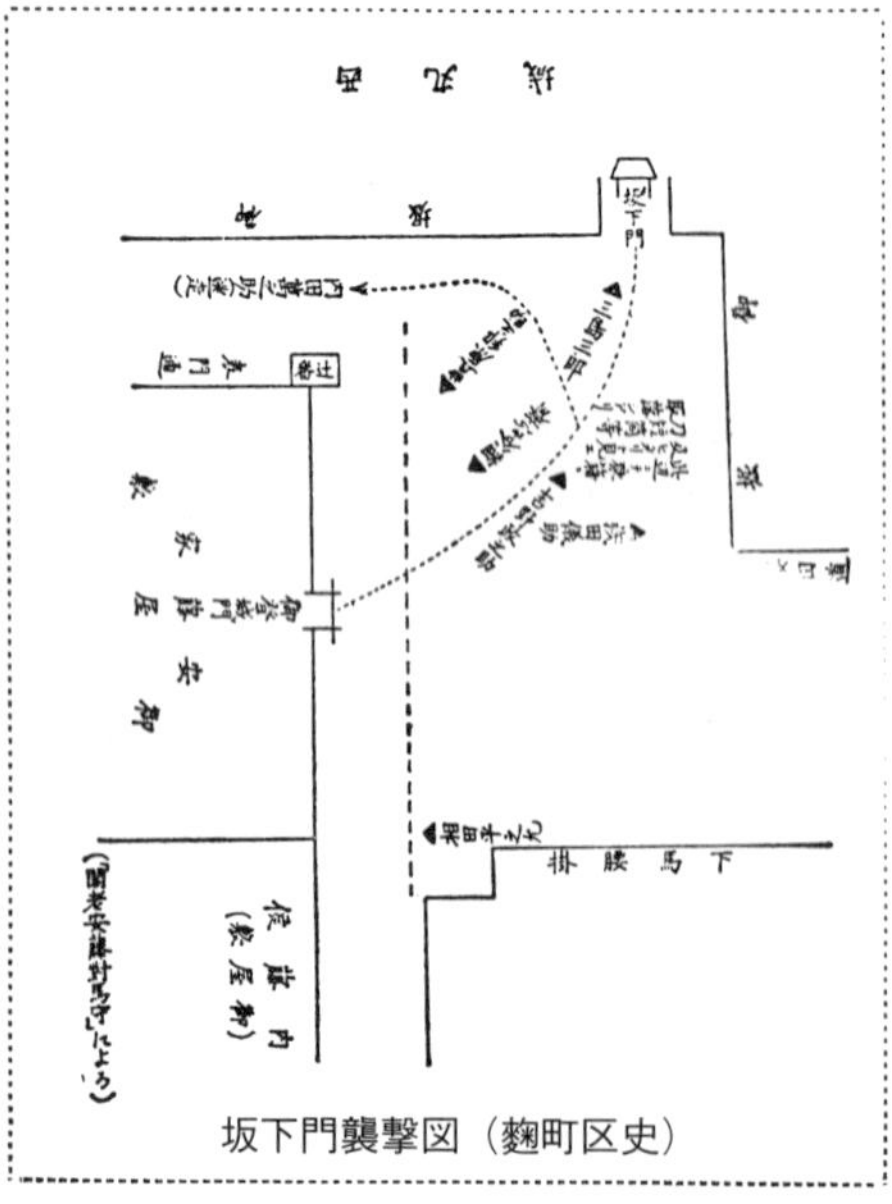

坂下門襲撃図（麹町区史）

過信していたらしい。この事件の始末については、目付方の書類に次の通り見えている。

文久二年正月十五日、老職《ろうしょく》安藤対馬守登城《とうじょう》の節、坂下門外御堀端より一人短筒《たんづつ》（短銃）打掛、直《ただち》に七八人抜身《ぬきみ》を以《もつ》て駕籠《かご》の右方より切込候に付、供方の者防戦《ぼうせん》、駕籠を落し、左方の戸損《そん》じ外《は》づれ、夫《それ》より対馬守殿出られ候処、駕籠越に二人突掛、背中に薄手《うすで》（軽い傷）を受け、坂下御門番所へ逃《のが》れ、同所に於《おい》て医師を呼寄せ手当致《いた》され、直に帰宅。供方は防戦致し、六人迄浪人体の者討留申候。右死骸は、即日呉服橋御門外へ出し、御目付方検使致し候処、銘々懐中《めいめいかいちゅう》に別書之《の》通り一巻づつ所持《しょじ》致し居候趣《おりそうろうおもむき》、且供方の内、一人深手之者、七日目に相果《あいはて》候、其他は追々快気《かいき》之由《よし》に御座候《ござそうろう》。

坂下門は、明治になってからは宮内省《くないしょう》の正門となった。

外桜田門

この門の枡形は、今でも残っている。東海道方面の押《おさ》えとして最も重要な門であって、小田原《おだわら》北条氏《ほうじょうし》の時代、すでに小田原口門という大きな扉《とびら》なしの門があった。後に小田原口門というい方をやめて外桜田門といわせたのであるが、桜田門になってからも、小田原門といっていたほど、その名称は古くなじまれていた。この門の枡形と石垣は、元和六年（一六二〇）、東国大名の助役によって完成された。内桜田門の処で述べた通り、ここはもとは船の入る入江であった。

この門は、明治になって少し修理しただけで、原形は残った。

外桜田門

桜田事変

この門について省《はぶ》く事の出来ない有名な出来事は、井《い》伊直弼《いなおすけ》暗殺の桜田事変である。惨事《さんじ》は、当時松平大隅《まつだいらおおすみ》守《のかみ》（後に中務大輔《なかつかさたいふ》となる）親良《ちかよし》が藩主《はんしゅ》であった、豊後杵《ぶんごき》築藩《つきはん》屋敷の真ん前で演ぜられた。明治二十年ごろに兵営があり、後に警視庁脇となって、俗に弁慶堀といわれた堀の側《そば》である。井伊の上屋敷《かみやしき》は明治になってから出来た参謀本部の処にあり、ここから江戸城大手の御用部屋へ来る途筋《みちすじ》であった。安政七年（一八六〇――三月十八日に万延《まんえん》と改元）三月三日の祝儀《しゅうぎ》に登城する時で、五ッ半時（今の午前九時ごろ）の事である。

井伊掃部頭《かもんのかみ》直弼は佐幕《さばく》開国論者としての進歩派の親玉《おやだま》で、尊王攘夷論者として保守派の親玉であった水戸徳川《とくがわ》斉昭《なりあき》との政争の結果が、水戸浪人によるこの暗殺事件を生んだという見方があるが、これは正しいものではない。直弼は、十三代将軍家定《いえさだ》に嗣子《しし》がなく、紀州藩から養子を入れるか、水戸藩から養子を入れるかと、老中その他が争っていた時、紀州派からかつぎ出されて大老職《たいろう》についたのである。そして直弼によって擁立《ようりつ》されたのが、紀州藩から十四代将軍になった家茂《いえもち》である。この時の将軍継嗣《けいし》問題で十四代になりそこねたのが、後に十五代将軍になった慶喜《よしのぶ》であって、背後には質の悪い親父の斉昭がいた。直弼は老中その他の衆議《しゅうぎ》は価値がないとし、徳川初期の独裁制を実現しようとして任じた大老職であったから、将軍をかさに権力を振り廻そうとする点では似た者であった。直弼は、水戸派を撲滅《ぼくめつ》するには外患《がいかん》があってはまずいというので開国条約に調印《ちょういん》したのであり、外国事情に良く通じている生粋《きっすい》の開国論者ではなかった。当時の政情が彼を開国派にさせただけにすぎない。水戸浪人の方は斉昭の先棒《さきぼう》をかついだ者というだけであった。もっともこのころは、井伊大老の駕籠を擁《よう》して、直訴《じきそ》をする者が時々あったらしい。水戸浪人の暗殺前には、上州《じょうしゅう》（上野《こうずけ》国の別称）桐生《きりゅう》の機業《きぎょう》家の総代《そうだい》が、堀の中で菰《こも》を冠《かむ》って、井伊の登城を待ち、堀から飛び出して駕籠訴《かごそ》をした事件があった。水戸浪人が奴《やっこ》のかっこうで路傍《ろぼう》に伏《ふ》していたのを目にしても、井伊の家来《けらい》は、このような直訴者ぐらいに思ったのかもしれない。そこに油断があったといえる。『開国始末』のこのくだりを次に掲げる。

安政七年（一八六〇）三月三日、早暁《そうぎょう》より寒風《かんぷう》雪を巻きて天地皆白し。誰《た》れか知らん、勢威《せいい》天下に震《ふる》うの人にして、此《この》春雪に先だちて消ゆるあらんとは。

是日《このひ》、直弼登営《とえい》して、上巳《じょうし》の佳節《かせつ》を賀《が》せんと、五ツ半時外桜田の邸《やしき》を出《い》で、従者《じゅうしゃ》数十人輿を擁して、外桜田門外、松平親良の邸の辺を過ぐ。

雨衣《あまぎぬ》奴装して路傍《ろぼう》に伏す者数人あり、其状たる、事を訴《うった》へんとするものの如《ごと》し。日下部三郎右衛門（供頭《ともがしら》）・沢村軍六（供目付）将《ま》さに訴者に接せんとす。奴装の者、俄然《がぜん》起《た》ちて日下部を斬《き》る。日下部刀を抜《ぬ》かんとするに、室を脱《だっ》せず（袋を刀の柄《つか》にかけてあったため）、其《その》脱せざる侭《まま》に敵を防ぎしが、額《ひたい》に傷つきて倒《たお》る。沢村も亦闘《またたたか》いて死せり。

二人の暴徒《ぼうと》と闘いて未《いま》だ斃《たお》れざるや、輿《こし》前に擔《にな》う所の槍《やり》を奪《うば》わんとする者あり。従者既《すで》に前行の襲《おそ》わるるに驚き、又其槍を奪《うば》われんことを恐《おそ》れて、之《これ》を防《ふせ》がんとするに際《さい》し、銃声《じゅうせい》一響して、数人の暴徒遽《にわか》に道の左右より起り、従者を乱斬し、突進して輿側に迫《せま》れり。河西忠左衛門（供目付）能《よ》く防ぎ、暴徒と奮闘《ふんとう》して之に死す。輿丁既《よていすで》に輿を棄《す》てて去り、河西死して、又輿側に人なし。暴徒三四人、輿中を刺《さ》すこと三四回、其戸を排《おしひら》けば直弼既に死せり。

暴徒之を拽《ひ》き出して、各々《おのおの》斬ること一刀《いっとう》、一人遂《つい》に直弼の頭を断《たちき》り、之を携《たずさ》へ、大声吟行《ぎんこう》して日比谷門に向う。直弼の徒者小河原秀之丞追いて、毛利慶親《もうりよしちか》の邸下（日比谷門外、後の練兵場《れんぺいじょう》、日比谷公園の一部となった処）に到《いた》り、頭を携うる者を背後より斬る。暴徒二人返し闘い、小河原を撃倒して去《さ》れり。蓋《けだ》し直弼の頭を断りし者は、薩藩《さつま》の亡命者《ぼうめいしゃ》有村治左衛門なり。――闘の未だ終らざるや、一卒傷を負《お》い走り帰りて、変を井伊邸に報《ほう》ず。井伊氏の臣大《おお》いに驚き、争い起ちて変に赴《おもむ》かんとするに、既に輿を担《かつ》いで門に入るに逢《あ》い、為《ため》に事に及ぶ能《あた》わざりしという。

暴徒総《すべ》て十八人、其十七人は水藩（水戸藩）の士にして、嘗《かつ》て長岡《ながおか》に屯《とん》し、亡命して江戸に入りし者にして、他の一人は即《すなわ》ち薩藩（薩摩藩）を脱したる者なり。水士（水戸の武士）稲田は闘死し、広岡・山口・鯉渕の三人は重傷して途上に斃れ、薩士（薩摩の武士）有村は直弼の頭を携へて辰之口に至りしが、重傷に勝へずして自殺し（有村の死んだ処は、鍛冶橋門内で、和田倉門・辰の口の間であり、若年寄《わかどしより》遠藤但馬守胤統《たじまのかみたねのり》の役屋敷《やくやしき》の近くであった。遠藤の家来が直弼の首を遠藤邸に入れたのを、彦根《ひこね》藩士が家来加田九郎太の頭だからといい、返してもらったというのであるが、幕府との裏交渉もあったといえよう）。佐野・蓮口・黒沢・斉藤の四人は脇坂安宅の邸に自首し（脇坂は老中であって、播州竜野藩《ばんしゅうたつのはん》、役屋敷は辰の口であった。そこで辰の口へ自首した）。大関・杉山・森・森山の四人は細川斉護《ほそかわなりもり》（熊本藩《くまもとはん》細川邸は辰の口近くで、銭瓶橋《ぜにかめばし》と和田倉門の間の道三河岸《どうさんがし》である）の邸に自首し、広木・増子・岡部・関・海後は京坂《けいはん》地方に向いて走れり。

半蔵門

麹町一丁目から代官町へ入る処の門で、旧甲州街道《こうしゅうかいどう》の内であった。門外の南方は深濠で、柳の井を見下ろし、遠く桜田土手を見、雪中の景は奇絶《きぜつ》であったといわれている。寛永《かんえい》地図には、半蔵門内の枡形の側に服部半蔵《はっとりはんぞう》の屋敷があったので、半蔵門といわれるようになったというが、ほんとうの本門名は麹町一丁目御門で、普通は古くから「麹町口」とだけいっていた。

半蔵門内を鼠穴《ねずみあな》といい、紅葉山下門を鼠穴門といっていた時代もある。定火消《じょうびけし》屋敷を置いた事もあった。また吹上御苑へゆく路《みち》に西番所が設けられて、旗本が警備に当たっていた。古くから半蔵門より代官町通りを竹橋へ抜ける道もあって、庶民《しょみん》の通行が出来たが、安政七年（一八六〇）の桜田事変があってからは、竹橋・清水・田安・半蔵の諸門は、役人以外通行禁止となった。明治になってから再び通行できるようになったが、半蔵門には番兵所《ばんぺいしょ》を設けて近衛兵《このえへい》に警備させた。これは、後に巡査《じゅんさ》に変わった。

半蔵門

服部半蔵と伊賀同心

ここで麹町口に配《はい》した服部半蔵と、服部の率《ひき》いた伊賀同心《いがどうしん》という忍者《にんじゃ》、および服部断絶《だんぜつ》について述《の》べておく。先述した通り、江戸城を防禦するに最も危険な場所は麹町口であったから、番町に旗本屋敷を密集させて、万一に備《そな》えたのであったが、これだけでは安心ができず、伊賀者《いがもの》の屋敷を半蔵屋敷の近くに置いたのである。

天正《てんしょう》十八年（一五九〇）に徳川家康は江戸へ入城したが、この時に伊賀者の服部半蔵正成《まさなり》も従って来た。服部の知行は八千石、与力三十騎《き》、伊賀同心二百人を支配し、麹町口に屋敷を与えられた。当時政治に関係ある者以外、譜代大名や旗本はそれぞれの領地にいたのであるから、伊賀者を当初より麹町口へ配したという事は、重要な意味を持っていた。この半蔵は鬼半蔵といわれた強勇な者であったが、慶長元年（一五九六）十一月に五十五才で歿《ぼっ》している。

この鬼半蔵には三子があり、正就《まさなり》・正重《まさしげ》・正広といった。正就は父の知行八千石のうち五千石を与えられ、相続《そうぞく》して石見守《いわみのかみ》に任官し、与力七騎・伊賀同心二百人を幕府から預けられた。二男の正重は、五千石の余りの三千石を与えられ、伊豆守《いずのかみ》に任官した。

この石見守正就という相続人が、服部の家を潰《つぶ》した乱暴者であった。正就は、妻として松平《まつだいら》隠岐守定勝《おきのかみさだかつ》の娘を迎《むか》えたが、この事が、権力を乱用し、兇暴《きょうぼう》に狂う原因となったのである。

松平隠岐守家系の事は『藩翰譜《はんかんぷ》』にも見えるが、簡単に『武鑑《ぶかん》』（次項「登城の風俗」注釈参照）によって見よう。

松平氏の本国は尾張で、始めは菅原姓久松氏、後に御家号および御紋を賜《たまわ》った。東照大権現《とうしょうだいごんげん》（徳川家康）の御舎弟《しゃてい》、伊勢《いせ》国桑名《くわな》・長島《ながしま》の両城主、松平隠岐守《おきのかみ》と称し、源定勝従四位左少将《さしょうしょう》である。母は伝通院《でんずういん》殿（家康の生母於大《おだい》の方）。定勝の子に定吉・定行・定綱・定実・定房・定政等があり、皆任官《にんかん》し、諸城主になった者が多くある。

女子は単に六人とだけしてあるが、このうちの一人は服部石見守正就の室としてある。他の娘は松平土佐守《とさのかみ》忠義室・中川内膳正《なかがわないぜんのかみ》久盛《ひさもり》室・酒井阿波守《さかいあわのかみ》忠行《ただゆき》室・阿部対馬守《あべつしまのかみ》重次《しげつぐ》室・松平備後守《びんごのかみ》恒元室となっている。この松平氏は、後に伊予《いよ》国松山城《まつやまじょう》十五万石の城主になり、定勝の三男定《さだ》綱《つな》は桑名城主となった。そしてその後胤《こういん》に、寛政《かんせい》の改革で知られる越中守《えっちゅうのかみ》定信《さだのぶ》（実は田安宗武《たやすむねたけ》の三男で、養子になった者）がある。

この家系に縁組した正就は、徳川家康の姪《めい》を妻にした事になり、家康と正就は義理の伯父甥《おじおい》になったわけである。したがって正就はとんでもない威力を振《ふる》うようになった。もともと服部は氏《うじ》素性《すじょう》もわからない伊賀の忍者出身で、兇暴な血統を持っていた。この兇暴さを家康に買われて麹町口へ配されたわけではあるが、偶然家康の甥としてつながることになった。その結果彼は、徳川外戚《がいせき》の威《い》を、敵でなく、部下に振うようになったのである。

正就は自分の使用人の家来・足軽《あしがる》共への横暴《おうぼう》だけでなく、幕府からの預《あずか》り人である伊賀同心に対しても、横暴・無慈悲《むじひ》をきわめたので、伊賀同心が反抗的に出ざるを得《え》なかった。

伊賀同心の方から服部を見れば、服部がいかに家系を立派《りっぱ》に作ろうとも、自分たちと同じ百姓侍の忍《しのび》の者《もの》であった。服部は幸運にも早く徳川に仕《つか》え、その徳川が政権を握《にぎ》ったので、八千石の旗本に昇進した。もとをただせば自分たちと同じ者であるのに、むやみに威張《いば》る正就の態度が、伊賀同心にはしゃくでたまらない。この不平不満の末から、やむを得ない御番の他は、服部屋敷へ行かなくなった。今でいうサボタージュの手に出たのである。

伊賀同心の反抗的態度を知った正就は大いに怒り、故意《こい》に伊賀同心を呼びつけて、普請《ふしん》を命じた。どうつきをさせ、壁のこまをかかせるなど、同心の仕事でない、日雇人足《ひやといにんそく》の仕事をさせ、不平をいう者の扶持米《ふちまい》を押えるなどし、むやみに当たり散らした。がまんしきれなくなった伊賀同心二百人は、協議の結果、奉行所《ぶぎょうしょ》へ訴え、また妻子をそれぞれ他へ預けて、近くの寺へ立て籠《こも》った。もし訴訟《そしょう》の趣《おもむき》がかなえば良し、かなわなければ討死《うちじに》するという覚悟で、弓・鉄砲まで持ち込んだので騒ぎが大きくなった。伊賀忍者の決死的ストライキであった。

この騒動は将軍の耳にも入った。裁判の結果、非は正就にある事がわかり、伊賀同心の主張通り、服部は伊賀同心支配を免《めん》ぜられた。幕府は伊賀同心を六組に分け、他の者は分属させた。またこの騒動の指導者十人の同心を処分する事にしたが、うち二人は欠落し、ついに捕《とら》えられなかった。

欠落の二人が江戸へ帰っていると聞き、正就が探《さが》していたところ、ある日その一人が白昼《はくちゅう》服部邸の門前を通るのを見た。正就は手討《てう》ちにしようと追いかけ、後からいきなり袈裟《けさ》掛《が》けに斬って捨《す》て顔を見たが人違いであったので、おどろいて自邸に逃げ帰った。殺された者は幕臣伊奈熊蔵の家来で、加害者は正就である事がすぐに露見《ろけん》した。そして当時流行の辻斬《つじぎ》りの犯人も正就だろうという証言もあって、正就家は改易《かいえき》の上、松平隠岐守に預けられた。その後、元和元年（一六一五）大坂夏の陣に、服部家再興《さいこう》を目的として、松平忠輝《まつだいらただてる》に従って出陣したが、五月天王寺口で戦死した。ところが正就の死体は発見されず、服部家は再興されなかった。一方弟の正重も、他の事件で改易になってしまった。こうして半蔵門の名のみ残して、服部半蔵家はあわのように消えてしまったのである。

寛永十二年（一六三五）に、伊賀同心は四谷に移され、四谷南伊賀町・北伊賀町および四谷仲町をつくった。忍者はスパイであったが、城門番に転職した。同じスパイの転職者に、伊賀隣郡の近江《おうみ》甲賀《こうが》郡出身の甲賀者《こうがもの》がある。甲賀者の屋敷は神田駿河台南甲賀町・北甲賀町にあった。麻《あざ》布《ぶ》の笄町《こうがいちょう》は甲賀町の転であって、古く甲賀者のいた処であった。

ここで伊賀・甲賀者の任じた門番に触れておこう。大手三の門には甲賀百人組の詰《つ》める番所があった。伊賀者は五の丸の山里（富士見丸・富士見台ともいう）の富士見櫓・富士見宝蔵の番人をつとめ、一部分は幕府・諸大名の明屋敷番を受け持った。江戸城御広敷《ひろしき》※(5)脇に、伊賀者詰所があって、女中の輿《こし》の出入りの供《とも》をしたのである。他の一部分は小普請奉行に附属した。同心は今の巡査程度の身分の者であった。

田安門

田安門

この門は半蔵門と清水門との間の門で、富士見町と飯田町の間、九段坂《くだんざか》の下にある。田安門は古くは代官町門といったが、飯田町口ともいわれた。慶長地図には土橋としてあり、上州街道の出口になっていた。田安門辺を田安台、牛込門のうち辺を下《した》田安といい、田安大明神社の旧地であった。田安台というとわかりにくいが、今の九段坂牛ケ淵であって、明治以降近衛兵営の北門となっていた処である。

この田安の名は、三卿《さんきょう》※(6)の一の田安屋敷として知られている。田安は八代将軍吉宗《よしむね》の子宗武《むねたけ》を祖《そ》とする家だが、その屋敷が出来たのは、享保十六年（一七三一）だから、門名から生まれた館名であった。

竹橋門

この門は、半蔵門内から神田へ出る通路の門であって、平河門に近接しているが、雉子橋門内である。慶長地図の右上端の田安土橋・飯田町と書いてある処から、御本丸への通路の凸出した濠下の出入門内側である。

竹橋の意味は、相州《そうしゅう》（相模《さがみ》国の別称）小田原家士の在竹摂津守《せっつのかみ》の子孫が、江戸二の曲輪にいた事から在竹橋といったのが後に竹橋となったのである。凸出した曲輪は、江戸城ではここだけであるが『事蹟合考』に

> 平川（河）口・竹橋の辺は、藤堂佐渡守《さどのかみ》高虎の縄張なり。竹橋と平川橋との間を帯曲輪《おびくるわ》にとり候事、功者《こうしゃ》の所為《しょい》なり

と見え、大坂両度の陣の時、すでに竹橋口門の橋門名となっていた。凸出した処には、後に田安家・清水家の屋敷が出来、田安門・清水門となった。

竹橋騒動

明治七年に旧北の丸へ近衛兵を設置し、竹橋門内に正門を設けたので、世に竹橋営所といわれた。同十一年八月二十三日に、近衛兵の竹橋騒動というのが起った。

近衛砲兵《ほうへい》はもともと他兵よりも多額の給料をもらっていたが、陸軍省の定額減少につれて給料を減額され不平満々でいた。十年の西南役《せいなんのえき》に出征《しゅっせい》して、「赤い帽子と大砲がなけりゃ」と、賊《ぞく》軍《ぐん》に恐れられていたほどに植木・田原坂《たばるざか》（熊本県の北西部で西南戦争の戦場となった処）で抜群《ばつぐん》の功《こう》を立てたにもかかわらず、凱旋《がいせん》後、何のお沙汰《さた》もないのは政府の不公平であるとし、大隊長の指揮を待つ事なく、二十三日夜十二時を期して事を挙《あ》げ、政府へ歎願《たんがん》しようとし、暗号・旗印まで決めた。

その日は夜十一時すぎ、兵卒《へいそつ》は銃を持ち営外に出て隊伍《たいご》を整《ととの》え、制止する宇都宮《うつのみや》大隊長をたちまち銃と剣で倒《たお》し、さらに制止する週番士官《しゅうばんしかん》深沢大尉《たいい》を倒し、一隊は大隈参議《おおくまさんぎ》邸へ向けて発砲《はっぽう》した。だが背後から歩兵《ほへい》の射撃を受け、また大砲弾薬の欠乏もあって、赤坂仮皇居の前まで敗走して来た。そして皇居へ推参《すいさん》しようと整列したところを、西少佐から全員武装を解除され、ついに就縛《しゅうばく》された。新聞には主謀者《しゅぼうしゃ》を南兵助としてあったがこれは誤りで、一兵卒の三添卯之助・小島万助が主謀者であった。

この騒動は『読売新聞』の同月二十五・二十七日に掲載されているが、ここに掲げるのは二十七日の記事である。

一昨夜十一時頃に起った竹橋の騒ぎは、附録《ふろく》と別配達とで概略は出したが、猶《なお》また委《くわ》しく聞くと、兼《か》ねて勲章《くんしょう》の事や其外《そのほか》で、近衛砲兵の兵卒は不平を抱き、何か事を起して憤《いきどお》りを晴《はら》そうと、三百人の兵士が（軍曹《ぐんそう》の南兵助が巨魁《きょかい》だという）此処《ここ》、彼処《かしこ》に三人、四人づつ寄り集り、容易ならぬ様子ゆえ、十時頃宇都宮少佐が説諭《せつゆ》に行かれ（一説には、一昨日の夕方、竹橋前で兵卒が二人で暴発の事を話していたのを辻雪隠《せっちん》に入って居たものが、聞きすまして、兵卒が居なくなってから、雪隠を飛び出し、直《す》ぐに内務省《ないむしょう》へ訴《うった》え出た故《ゆえ》、品川内務大書記官が直ぐ馬にて宮内省へ届けられ、近衛兵営に参られて、野津大佐に面会のうえ何か相談されて、夫《それ》より直ぐに宇都宮少佐を遣《つかわ》されたのだという）、説諭をされると、兵卒は耳にも入れず、打殺せ打殺せと喚《わめ》き立て、四方より小銃を打ち懸《か》け、無斬（慚）にも大隊長宇都宮少佐をば打殺し、宿直《しゅくちょく》の砲兵予備大隊長の深沢大尉と坂本少尉《しょうい》を殺害し、野津中尉《ちゅうい》、田中少尉は手傷《てきず》を負《お》われ、士官をも打殺し、同営の賄部屋《まかないべや》に火をかけ、夫より大砲二発を合図に孰《いずれ》も、白のヅ（ズ）ボンに紺の服を着し、中には日本刀を持った者もあり、上下の白いのを見たら打てしまえと呼ばわりて、小銃を打ちかけ、此より先山県陸軍卿《やまがたりくぐんきょう》は指令を下して、鎮台《ちんだい》兵にて所々に哨兵《しょうへい》を配られ、警視局にても、皇居の号砲が響くと巡査を残らず、引上げられて、西（の）丸下の操練《そうれん》所にて兵器を渡され、夫より諸方を警衛《けいえい》され大臣参議はじめ、其の他いずれも、取敢《とりあえ》ず皇居へ参内《さんだい》され（大隈大蔵卿《おおくまおおくらきょう》は歩行にて第一番に参内されたとか）、皇太皇も御庭より、板輿にてお上り（参内の事なり）、暴発の兵士は百人程、大砲二門と銘々小銃を持って歎願の次第ありとて、皇居へと押しかける途中、半蔵御門にて野津大佐が一小隊を引いて皇居へ駆け付けられるのに行き逢い、説諭せられて、その兵器を残らず同所へ打捨てさせ、皇居にて願意の趣きを聞かれ、皇居の御門前にて、歩兵隊が円陣を作って、兵士を中に取り込め（この時、兵士二人自殺したという）、一応尋問《じんもん》のうえ、残らず捕縛《ほばく》して陸軍裁判所へ引き渡された。一手は清水御門と雉子橋との間の岸の上より、大蔵卿の御邸を目掛けて小銃を雨霰《あめあられ》と打ちかけた故、清水御門を警衛された東京鎮台は、畳を数十畳持出して、お邸外へ胸壁《きょうへき》を築いて防がれ（此の時砲兵《ほうへい》の鈴木丑太郎は堀を越して逃げようとして捕《と》えられ）、暴発の兵士も諸所にて捕縛になり、昨日の朝になって、陸軍裁判所へ自首した者は十四五人もあり、是に就《つ》いて、陸軍裁判所にては、臨時裁判所を開かれ、お掛《かか》りは坂本少佐、岡本大主理、石原小主理、恩地中録事、安藤中録事などの方々にて昨日より裁判にかかられ、休息なしに取調べられるといい、また警視局では、警部巡査を総呼上になった故、昨日は臨時休暇になり、此の騒ぎにつき電信の私報はお差留めになり、また、暴徒が六十人ほど本郷《ほんごう》・王子《おうじ》辺をさし、百人ほどは品川《しながわ》辺へ脱したというにつき、諸府県にも夫々《それぞれ》、電報にて通達され、是に付いて飯田町三丁目の天野忠蔵は火事だと思って、駆出すと中坂上にて脛《すね》を小銃で打抜かれ、赤坂一ツ木町の佐野清順は刀を懐中《かいちゅう》に隠《かく》して皇居の前に駆付けて見て居た故、其筋へ送られ、市中の狼狽《ろうばい》は一方《ひとかた》ならない中にも、小川町《おがわまち》（神《かん》田区《だ》）より錦町《にしきちょう》（神田区）、飯田町（麹町区）辺は鉄砲弾が飛んで来るので、老人足弱は立退《たちの》かせる、荷物を出す、何処で何が始まったのか訳《わけ》が分《わか》らないので、難渋《なんじゅう》した者も大そうあり、旧《もと》の見附、見附は残らず、固めがつき、竹橋御門は往来留《おうらいどめ》になる、一時の混雑も暁《あかつき》方に至《いた》って忽《たちま》ち穏《おだや》かになったのは、何より悦《よろこ》ばしい事であります。

近衛兵の暴挙の事は前号（二十五日の新聞）に委しく出しましたが、まず、今月二十四日に、大政官より東京府へのお達《たつし》にて「近衛砲兵の内暴挙の儀に付、別紙の通り陸軍卿より届け出候条、此旨《むね》心得《こころえ》の為《た》め相達し候事」とあり、別紙は「今午後十一時近衛砲兵隊卒の内、徒党《ととう》を企《くわだ》て、兵営を毀《こぼ》ち聊《いささ》か発砲等致し候者有之候に付き、直様《すぐさま》討留且《かつ》脱走の者は大抵捕縛致し鎮定《ちんてい》に及び候、然《しか》るに、暴発の原因は未だ確定致しがたく、取調べ中には候得共《そうらえども》、右は全く兵卒共の暴挙にて下士《かし》に於《おい》ては暴挙の者之無く候、取敢《とりあえ》ず此段お届け申し候也、明治十一年八月二十二日、山県有朋《やまがたありとも》、大政大臣三篠《さんじょう》（条）実美《さねみ》殿」とあり、また、同日陸軍省より各府県へのお達しに、「昨二十三日午後十一時近衛砲兵卒の内徒党を組み、兵営を毀ち聊か砲発致し候につき、直ちに打ち留め脱走の者は大体捕縛鎮定に及び候条、心得の為め此旨相達し候事」とあり、また、高辻侍従《じじゅう》が勅使《ちょくし》にて、西少佐に附いて近衛歩兵営と砲兵営へお出でにて達せられた勅文には「昨夜近衛兵暴動の節隊長以下兵卒に至るまで一同尽《じん》力《りょく》に依《よ》り、速《すみや》かに鎮定に及《およ》び候段深く御満足に思召《おぼしめ》され候事」とあって、特旨《とくし》（特別の思召し）にて将校《しょうこう》の戦死人に二百円、負傷者へ百円づつ賜り、また、負傷の下士と即死の兵卒へは二十円づつ、負傷の兵卒へは十円づつ賜り、北条侍従も勅使にて東京鎮台へ参られ、慰労《いろう》せられ、また暴挙の兵士で陸軍裁判所へ送られた者は、昨日迄に都合《つごう》二百三十一人であり、（此の内、近衛歩兵隊二十人余と、鎮台予備砲兵隊にて少尉が一人、曹長《そうちょう》が三人外五六人と砲兵本廠火工《しょうかこう》方下士官二人程あるという）。

又、暴挙の原因は是まで近衛兵は他の諸兵より給金《きゆうきん》が多かったのが、先ごろ陸軍省の定額を減ぜられたに附いて遽《にわ》かに給金を減らされたのと、二つには、前号に出した通り、昨年西南戦争の騒ぎに大そう功を顕《あらわ》したのに、戦争後、他の諸隊は御賞典《しようてん》があったが、此の隊ばかりは何の御沙汰《ごさた》も無いのを不平に思い、二十三日午後十二時に事を起して、東京鎮台予備砲兵大隊も党類の中へ引入れ、鎮台砲兵、近衛歩兵第一、第二聯隊《れんたい》に迫《せま》って加勢《かせい》をさせ夫より皇居へ押して強訴《ごうそ》する手筈《てはず》であったが、鎮台砲兵の隊長は此の様を察せられて、夕方より急に飛鳥山《あすかやま》に行軍《こうぐん》を命じ、途中で砲声を聞いて隊卒は大きに騒立《さわだち》たが、漸《ようや》く取鎮《とりしず》めて王子《おうじ》の海老《えび》家と扇屋《おうぎ》で休息して騒立った巨魁二人と外十人程捕縛せられ、跡《あと》は説諭に伏したので、翌日帰営《きえい》したといい、近衛歩兵にも第二聯隊、第二大隊の山脇少佐の手にて、暴徒に通じた者が有ったが是も説諭で鎮まり、又宮内省の御門前で自殺した大久保と小川の二人は懐中に正願書と党与《とうよ》の者へ廻した檄文《げきぶん》を持っていたといい、その時には皇居を迫田権少警視《けいし》が巡査《じゆんさ》五百人にて警衛され、半蔵御門は檜垣権少警視が二百人にて警衛され、此の事が起ると直ぐに夫々電報をかけられ、神奈川台場《かながわだいば》に詰めて居た砲兵隊は別仕立《べつじたて》の汽車で夜の二時頃出京《しゆつきよう》して、哨《しよう》兵《へい》の御用《ごよう》を勤《つと》め、高崎《たかさき》の鎮台営所よりも直ぐに、繰出《くりだ》す支度《したく》が整った処へ鎮定の報が掛ったので見合せられ、又、一昨日の日曜には、兵卒の遊歩《ゆうほ》を差止《さしと》められ、其替りに中隊へ酒二樽《たる》づつ下され、屯内で十分に飲めと申し渡されしとの事、又、竹橋前の雪隠で密事を聞かれたのは西村内務《ないむ》十等属で直ぐに武井内務権大書記官に告げられ、夫より諸方《しよほう》へ伝えられたのであると。是について討死の方は宇都宮少佐、深沢大尉、坂本少尉と兵卒が一人。疵《きず》を受けられたのは田中少尉、野津中尉、中村軍曹、下十三人、兵卒七人であり、宇都宮少佐へは宮内省より勅使を以て祭祀料《さいし》を二百円賜り、昨日牛込原町《うしごめはらまち》宝祥寺へ葬送《そうそう》になりました。猶洩《なおも》れた事は追々出します。（二十七日所載《しょさい》）

雉子橋門

この門と一ツ橋門は平河門の外にあり、竹平町の西方にある。徳川氏入国の初期に、来朝《らいちょう》の唐人饗応《とうじんきょうおう》のために、諸国から雉子《きじ》を集めて、ここに鳥屋《とりや》を建てて飼っておいたので、雉子橋というようになったという。

一（ツ）橋門

元衛町の西にある門であるが、徳川氏入国のころ、ここに大きな丸木の一つ橋があったところから生まれた橋名である。この橋の欄干の葱花子（擬宝珠《ぎぼし》）の銘に「一橋・万治《まんじ》三年辛未《かのとひつじ》二月吉日」と見える。『貞享《じょうきょう》三年江戸絵図』に伊豆橋としてあるのは、松平伊豆守《いずのかみ》の屋敷があった事からの私称である。八代将軍吉宗は、三家に備《そな》えるため三卿を設けたが、そのうちの一人宗尹《むねただ》に、この門内の邸を与えた。そうして土井大炊頭《おおいのかみ》・松平伊豆守などの重臣始め大小名の邸は他に移され、一橋卿の広大な屋敷が、一橋・神田橋の間に出現した。いずれも吉宗の利己主義のあらわれである。

神田橋門

この辺は古くは芝崎村といったので、ここを芝崎口といい、王子道への起点としていた。慶長ごろから神田口といい、神田口橋が架されたが、寛永六年（一六二九）に秋田《あきた》城主佐竹《さたけ》義定が命を受けて枡形石垣を築いた。慶長ごろから土井大炊頭の屋敷があったので、大炊殿橋ともいわれていた。

常盤橋門

千住《せんじゅ》を経《へ》て奥州《おうしゅう》（陸奥《むつ》国の別称）へゆく道の出口であった。慶長地図で、本丸・大手土橋・大橋の下に浅草口橋としてあるのが、常盤橋の旧名である。三代将軍家《いえ》光《みつ》から賀名を選んで改めるように命じられ、奈良屋市右衛門が常盤橋の祝名を献《けん》じたのが、この橋名であるといわれる。寛永六年築造の枡形石垣門であり、明治六年に

常磐橋門

撤廃《てっぱい》する事になったが、枡形の標本として残された。寛永八年（一六三一）この門内に北町奉行所《きたまちぶぎょうしょ》が新設され、宝永《ほうえい》四年（一七〇七）に数寄屋橋《すきやばし》内へ移され、享保二年（一七一七）にまた鍛冶橋《かじばし》内から引越し、文化《ぶんか》二年（一八〇五）まで奉行所としてあった。門外に高札場《こうさつば》があった。

呉服橋門

呉服橋《ごふくばし》は最も古い橋で、太田道灌時代に高橋といったのも、この辺の橋であったと思われる。古くはここを舟口といい、江戸港の舟着場辺であったと推定される。江戸初期には「町のもの通りの橋」という、無名橋でもあったが、やがて「御服橋」となった。門外に呉服師の後藤屋敷があり、呉服町となった事からつけられた橋名であった。

呉服橋門内には、慶長十八年（一六一三）に町奉行役宅《やくたく》が設けられ、島田弾正忠守利が町奉行となり、寛永八年（一六三一）の常盤橋門内の北番所に対して南番所といわれたが、

呉 服 橋 門

元禄《げんろく》十一年（一六九八）に鍛冶橋門内に移った。明治六年に枡形は撤廃された。

鍛冶橋門

慶長ごろからあった無名橋であるが、鍛冶町へ出る門なので鍛冶橋と呼ばれた。寛永六年（一六二九）ごろに枡形門となったが、明暦《めいれき》三年（一六五七）大火後の万治《まんじ》二年（一六五九）に再築された。この大火では呉服橋門・常盤橋門・和田倉門も焼け、共に改築された一門である。元禄十一年（一六九八）、この鍛冶橋門内へ南町奉行所《みなみまちぶぎょうしょ》が呉服橋門内から移って来た。同十五年（一七〇二）に丹羽遠江守《とおとうみのかみ》が町奉行に任ぜられて、奉行は三人となり、一役宅を新設し、一時二役宅が出来た。前に移って来たのを南町奉行所、新設を中町奉行所といった。宝永四年（一七〇七）には二役宅の位置が変わって、中を北といい、南を中というようになった。ところが常盤橋門内の町奉行所が数寄屋橋門内に移って南町奉行所となった。

享保二年（一七一七）に北町奉行所が常盤橋門内に返り咲きし、鍛冶橋門内は中町奉行所だけとなったが、同四年（一七一九）に中町奉行の坪内能登守《のとのかみ》がやめると共に、この奉行所は廃《はい》され、周知の南町奉行所・北町奉行所の二か所だけとなったのである。

数寄屋橋門

この門は数寄屋町へ出る門である。慶長七年（一六〇二）に芝口へ数寄屋橋門を建てたとしてあって、初めはここが芝口門であったが、後に新橋へ芝口門が新設された。枡形門にしたのは寛永六年（一六二九）であって、幕命《ばくめい》により伊達政宗が築造した。

宝永四年（一七〇七）に、常盤橋門内から、北町奉行所が移って来て、南町奉行所となった。初代は松野壱岐守《いきのかみ》、有名なのは大岡越前守《おおおかえちぜんのかみ》である。

日比谷門

日比谷から桜田辺はもともと入江《いりえ》であった。文禄《ぶんろく》（一五九二〜一五九六）ごろに濠が出来たが、日比谷門辺はまだ入江であった。入江の西南側に日比谷町が成立し、士衆通行の橋

日比谷門

が架された。その入江が埋め立られた慶長（一五九六～一六一五）ごろに日比谷門が築かれ、寛永四年（一六二七）に浅野長晟《あさのながあきら》が石垣を築き、同六年（一六二九）に伊達政宗が枡形を築いた。この場所は今はわからないが、数寄屋橋から桜田へゆく道の、馬場先門通り十字路の内濠の曲《ま》がり角《かど》、右角に当たる処にあり、ここを右へ曲がると馬場先門となる。

馬場先門

寛永六年（一六二九）、幕命によって浅野但馬守《たじまのかみ》長晟と加藤肥後守《ひごのかみ》忠広が、和田倉橋から桜田まで石垣を築いた。この時、兵庫橋に枡形が築かれたようだが、これが後の馬場先門の枡形の事であろうと思われるだけで、前名がはっきりしない、また築造年もはっきりしない門である。寛永十二年（一六三五）に将軍が朝鮮人の曲馬《きよくば》を見た処、あるいは六代将軍のころに朝鮮人の騎射《きしや》を見た処などの説があり、これから馬場先門の名が生まれたといわれる。この門は一般には通行させず、締め切《しき》ったまま明けない門であったから「不明門《あかずもん》」といわれた。寛文《かんぶん》八年（一六六八）春の大火の後、門を開き、橋を架して往来人《おうらい》を通すようにした。『一話一言』には寛文八年大火と馬場先門橋について

　馬場先御門新橋を懸《かか》る。同年四月春の火事に付、馬場先御門あき橋掛る。もとはあかずの御門という。同じく虎の御門と幸橋の間に、新規に橋かかる、新橋という

としてある。

和田倉門

和田倉門は辰の口から千代田《ちよだ》村に入る監門であった。和田は、海の替字《かえじ》であり海辺からきているが、倉を建ててから和田倉といったのである。和田倉は二棟あったが、のち厩《うまや》となり、馬預り曲木の役宅もあった。ここは文政《ぶんせい》年間（一八一八～一八三〇）から会《あい》津藩《づはん》の添屋敷となった。明治五年に、当門は馬場先門などと共に存置する事になったが、馬場先門は明治三十九年四月、凱旋《がいせん》道路開道の時に取り払われ、和田倉門の方は大正の大震災に崩れかかったままとなっておかれた。

和田倉門

外郭門についても述べておく。江戸城は外郭と十一の外郭門とで取り巻かれている。隅田川を神田川へさかのぼった第一の外郭門は浅草門、次いで小石川門・牛込門・市ケ谷門・四谷門・喰違門・赤坂門・虎之（ノ）

門・幸橋・山下門となり、山内門から内は内郭門となる。山下門から分かれた門と見られるのは浜御殿大手門（浜大手）であるが、中間に芝口門（新橋）が後に造られたから、合計では十二門となった。

お茶の水橋

外郭門の筋違門と小石川門の間にお茶の水橋・水道橋があるので、この二橋に少し触れておく。『絵本江戸土産』には「御茶（の）水、聖堂《せいどう》より猶《なお》西の方お堀をいふ。この所西岸絶壁にして風景よし」としてあって、ここに掲げたのは今と違う西岸絶壁の所である。

お茶の水橋は、明治十四、五年から架橋の計画はあったが、何しろ百余尺の断崖なので、架設方法がなかった。東京市区改正実施に際し、ここが改正路線に当たるので、是が非でも架橋せねばならなくなり、理学《りがく》博士原竜太の設計で、明治二十四年十月十五日に竣成《しゅんせい》した。今通っている外濠線の電車路は、外濠線を通すために道を造ったもので、もとは道がなく絶壁であった。

橋名となった「お茶の水」というのは、江戸城内で将軍用のお茶の水として使用するための井戸の事であったが、この井戸はお茶の水橋の処ではなく、少し上流にあった。外神田《そとかんだ》の湯島聖堂《ゆしませいどう》の上の方に桜の馬場というのがあったが、この馬場の隣りに三角形の火消屋敷があって、井戸はこの屋敷内にあった。火消屋敷の前は高林寺の境内《けいだい》となっていて、『御府内備考』には、次の通り見える。

駒込《こまごめ》高林寺の記に、彼寺慶長九年（一六〇四）、元神田よりお茶の水に移さる。その時の屋敷表七十六間・裏行百三十六間なり。その後屋敷内御堀と成《な》り、清水涌出しかば、台徳院殿《たいとくいん》（二代秀忠《ひでただ》）・大猷院殿《たいゆういん》（三代家光《いえみつ》）の御茶の水に仰附《おおせつけ》られ、井の鎰《かぎ》（鍵）をも寺に預け置せられ、御茶水桶に、丸の内竜の字鉄印を附たり、故に御茶水の高林寺と称せり。明暦三年（一六五七）焼失《しょうしつ》し、同年四月二十九日今の所へ転地あり。――是《これ》御茶の水の名の由《より》て起る処なりと。

お茶の水（風俗図絵集）

この神田川は、万治二年（一六五九）に、小石川堀として、幕府が仙台藩伊達綱宗《つなむね》に命じた堀割で、水道橋《すいどうばし》・小石川・牛込に至る六百六十間、深さは二間半であった。普請の時、綱宗が普請場に出ては、吉原《よしわら》（江戸の遊郭）通いをしたというのが幕府の問題になり、若隠居《わかいんきょ》させられたのが、芝居で有名な「先代萩《せんだいはぎ》」の発端《ほったん》である。この堀割の時、お茶の水用の井戸は土手際《どてぎわ》に残っていたのである。
堀割を後に広げた時、この井戸は堀の内、つまり川中に入ってしまった。『江戸砂子』には、次の通りこれをいっている。
御茶の水、聖堂の西、此井《このい》名水《めいすい》にて、御茶の水にもめしあげられたり、神田川ほりわりの時、川のふちになりて、水際にかたちのこる。享保十四年（一七二九）江戸川洪水《こうずい》の後、川はばをひろげられし時、川の中になりて、今はそのかたちもなし。

今でも国電（ＪＲ）の窓から濠の方を見ると、お茶の水駅よりも水道橋に近い処の土手下に井戸を造ってあるから、涌口が変わった処になったのかもしれない。

水道橋

水道橋は、神田三崎町《みさきちょう》から小石川・本郷《ほんごう》へ通ずるただ一つの橋であった。駒込の吉祥寺が明暦大火前にはここにあったので、吉祥寺橋ともいわれていた。井《い》の頭《かしら》を水源とする神田上《かんだじょう》水《すい》の樋《とい》※(7)が、吉祥寺橋の下を通っていたので、万治ごろすでに水道橋といわれていたが、それでも享保ごろの地図には「きちじゃうじばし」としてある。

この橋の由来は『江戸砂子』『武江図説』『新編江戸志』等に見えるが異説はない。ここには『絵本江戸土産』の水道橋と

水道橋（明治7年頃）

『東京府地誌略』の万年筧《かけひ》を掲げておいた。

喰違見附

四谷門と赤坂門との間にある見附であって、四谷鮫ケ橋《さめがはし》へ出る処である。ここは枡形は全くなく、江戸前期の正保《しょうほう》図にも枡形は画《えが》かれてない。その後の地図にも赤坂御門と四谷御門の間に「クイチガイ」としてあるだけで、御門とはしてない。道路としても脇道であって重要さはない。喰違の意味は、石垣が左右から出て、錯歯のようになっている事から生まれたという。軍学《ぐんがく》に「喰違」というのがあるから、兵学者《へいがくしゃ》小畠勘兵衛の縄であると誤伝するようになったらしい。要するに外郭枡形計画の内でない、後に造った見附だという事である。喰違見附といっても、今はわからないが、岩倉具視《いわくらともみ》が襲撃《しゅうげき》された処であり、この喰違見附内の紀尾井《きおい》坂で大久保利通《おおくぼとしみち》が暗殺されたといえば、今の人でも関心を持たれよう。見附内には寛永以来、紀伊・尾張の徳川邸および彦根藩井伊邸があり、そこから紀尾井町という町名が成立した。喰違見附の外濠の外にも紀伊・尾張の本邸があったので、この往来のためにあけた道と推定される。し

神田上水万年筧

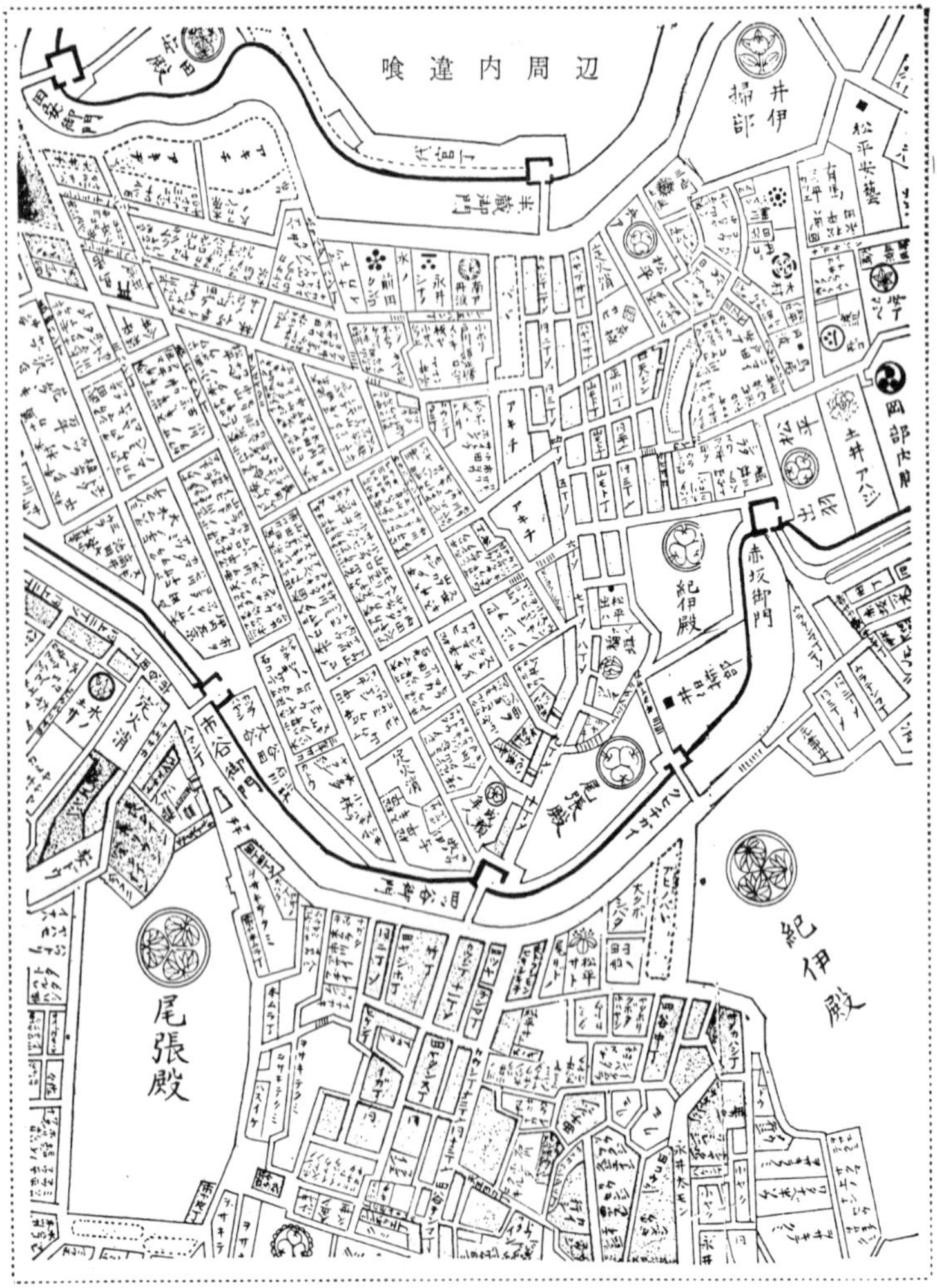
喰違内周辺
井伊掃部
松平安藝
岡部内膳
紀伊殿
赤坂御門
市谷御門
尾張殿
紀伊殿
尾張殿

たがって大名・旗本の警備は全くなかった。ここに元禄《げんろく》版地図の嘉永《かえい》修正版「喰違内周辺」図を掲げておく。明治四年には喰違柵門に、兵卒二人が立番《たちばん》する事になったが、同五年には番所や柵まで取り払われていた。

この地図に見える喰違見附外の「紀伊殿」としてある屋敷は、明治五年三月に天皇の離宮《りきゅう》となった。同六年五月に、皇城北隅から出火して西の丸一帯が焼失し、赤坂離宮を仮皇居としたが、この時に地域を広くし、十年には太政官も仮皇居内に移した。そのため喰違が大官の通路となったのだ。二つの事変がここで起ったのは、仮皇居が赤坂にあったからである。

岩倉具視の暗殺未遂

岩倉右大臣《うだいじん》具視を暗殺しようと喰違で待ち伏せしていたのは征韓論者《せいかんろんしゃ》で、高知《こうち》県士族《しぞく》武市熊吉・同喜久万兄弟他、山崎則雄・島崎直方・下村義明・岩田正彦・中西茂樹・中山泰道・沢田悦弥太の九人であった。

明治七年一月十四日、陰暦《いんれき》の十一月二十五日は闇の夜であった。午後八時ごろ、岩倉は赤坂仮御所を出て、馬場先門の自宅へ帰るため、馬車を駈《か》って喰違見附にさしかかった。見附内に待ち伏せしていた刺客等のうち、中西と下村は馬車の前に立ちはだかって、馬のくつわを押えた。武市熊吉は車前から、弟喜久万は抜刀《ばっとう》で横脇に廻り、島崎は車の後から刀を二太刀《たち》突っ込んだ。さらに前に廻って毛布《ケット》へ数太刀《すうたち》斬りつけた。岩田は後から二、三太刀突っ込んだが、岩田自身あやまって転《ころ》んだ。中山は車の右側から刀を突き刺した。この時に車中から黒いものが左へ転がり落ちたので、転んでいた岩田は起き上がりざまに後から一太刀浴《あび》せたが、黒いものは堀へ落ちたらしいと見た。この黒いものが岩倉であって、和服で黒羽織を着ていた。薄手《うすで》（軽い傷）は負《お》ったが、深手《ふかで》（重傷）ではなかったので、羽織をかぶって車の左から転がり出したのである。幸い博多帯《はかたおび》に短刀を差していたので、突かれてもこれに当たった程度であった。車から転がり出した岩倉は、必死に逃げて堀へすべり落ちた。そして一月の寒さの堀の中で、首だけ水面に出してじっと様子をうかがっていた。刺客が引き上げたらしいのを見すまして水際《みずぎわ》にはい上がり、倒《たお》れていたところを宮内省仕人《つかえびと》に救《すく》われ、あぶないところで凍死を免《まぬか》れたのである。

暗夜《あんや》の事で、車から転がり出したのが岩倉だと気附かなかったというのは、刺客もよほどあわてていたらしい。一応馬車の幌《ほろ》を排《はい》して調べると、車中はもぬけの殻《から》で、毛布だけが残っていた。通りかかった通行人から中山が提灯《ちょうちん》を借り、岩倉参内《さんだい》退出の見届役《みとどけ》となっていたために遅れて来た山崎と共に、白刃《はくじん》を振って雑草をなぎ立て、土手一帯を探し廻ったが、ついに発見できなかった。そこへ岩倉の馬車の見張役をしていた沢田が駈けつけたが、事はすでに終わっていた。

仮御所の方から人声が騒がしく聞えたので、刺客は逃げ去った。ところが現場に武市熊吉の下駄《げた》が残してあり、その極印《ごくいん》から履物《はきもの》商が調べられ、武市らの犯行とわかった。ここに掲げた図の上の方が現場である。

内務卿《ないむきょう》大久保利通は大警視《だいけいし》川路に命じて犯人を捜査《そうさ》させ、犯行後三日の十七日に武市始め六人、十九日には残り三人を捕縛《ほばく》した。そして通り一遍《いっぺん》の取調べではなく、江戸時代の拷問《ごうもん》で白《はく》状《じょう》させたのである。算盤木《そろばんぎ》の上で膝《ひざ》に十貫目の石を三枚または五枚抱《だ》かせる方法で、骨は砕《くだ》け、気絶《きぜつ》するという、文明開化の時代としては古風な拷問を断行《だんこう》した。刺客の方も士族《しぞく》を除族《じょぞく》されたのを憤慨《ふんがい》し、除族は武士の面目《めんぼく》を無にするもので、斬首《ざんしゅ》は忍んでも除族は忍びがたいといっているから、やはり文明開化に縁遠い、武士支配階級意識に凝《こ》り固《かた》まっていた者といえる。

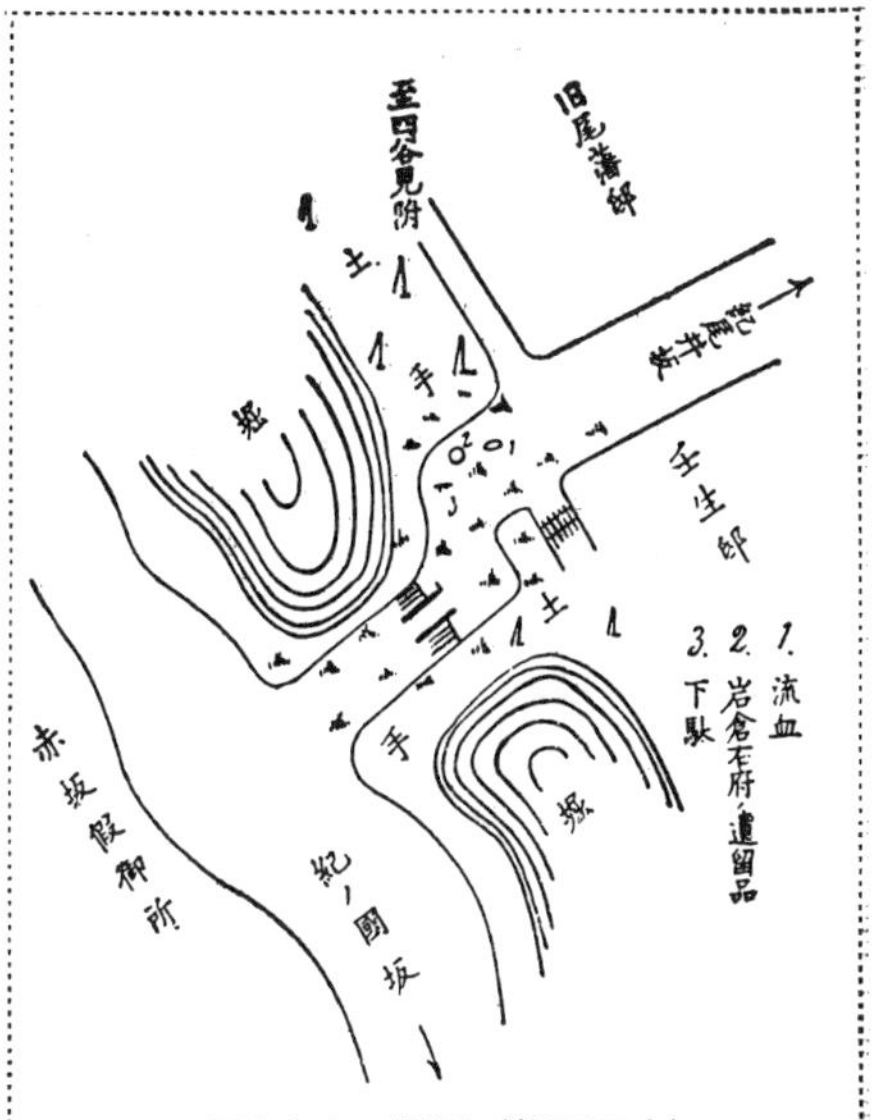

喰違事変の現場（麹町区史）

七月九日の判決文は次の通りで、九人とも除族・斬罪を宣告された。

其方共儀《そのほうどもぎ》、征韓《せいかん》の議行われざるを不平に存ずるより、岩倉右大臣を殺害して、廟議《びょうぎ》（朝廷の評議）を動さんと欲し、同志九人申合、当一月十四日夜、喰違に於《おい》て刺傷する科《とが》に依《よ》り、除族の上、斬罪申付候事。

大久保利通の暗殺

明治十一年五月十四日午前八時過ぎ、

裏霞ケ関《かすみがせき》の官邸《かんてい》から赤坂仮御所へゆく、二頭立《にとうだて》の馬車に乗った参議《さんぎ》兼内務卿の大久保利通を、石川県士族島田一郎等六人が襲《おそ》ったのは、前記喰違見附を入った処の紀尾井坂下の石橋（今の紀尾井橋）辺である。

暗殺者五人は石川県士族で、一人は島根県士族であった。大久保を暗殺した目的は、薩長肥と公家との独裁閥《どくさいばつ》を崩壊させるために、その最高部にある者をねらったのである。狭くいえば加賀《かが》百万石《ひゃくまんごく》という日本最大の大名やその家臣《かしん》が、ただの士族として藩閥の気ままな圧迫《あっぱく》に苦しめられていたところに、決死的暗殺が行われた原因があった。その斬姦《ざんかん》（奸）状《じょう》の槍玉《やりだま》に挙がっていたのは、昔日《せきじつ》の刺客煽動《せんどう》者であった最巨魁《きょかい》大久保利通・木戸孝允《きどたかよし》・岩倉具視、その下にあるのは大隈重信《おおくましげのぶ》・伊藤博文《いとうひろぶみ》・黒田清隆《くろだきよたか》・川路利良《かわじとしよし》および三条実美《さんじょうさねとみ》等である。征韓論者である西郷隆《さいごうたか》盛《もり》・桐野利秋《きりのとしあき》等は、彼ら姦吏《かんり》を畏憚《いたん》させたとして、その存在を認められていた。土佐藩を脱しているのは、反対派であるからだろう。一方、大久保等は公議を杜絶《とぜつ》し、民権を抑圧《よくあつ》し、政治を私《わたくし》しているといわれていた。新聞文化人を徹底的に強圧《きょうあつ》した事は周知《しゅうち》の通りであった。独裁者であった大久保は、これだけでも暗殺されるべき人物であったが、新聞人は文化人だから、原始的な暴力を用いなかっただけである。

この暗殺事件は、五月十五日の『朝野《ちょうや》新聞』に掲げてある通りである。終りの斬姦状の「西南役に応じようとしていた」としてある事は、いい過ぎであろうが、すべて昔日の刺客、新しい刺客にも共通する反動性が見られる。天皇を神として宣揚《せんよう》し、天皇にはまた純忠《じゅんちゅう》でなければならぬと煽動した結果であり、今もって刺客の相《あい》（合）言葉《ことば》「天皇《てんのう》陛下万歳《ばんざい》」という事は絶えないでいる。

明治十一年五月十四日は如何《いか》なる日ぞや、我が政府に於て一大珍事こそ出来しつれ。此日は晨の空薄曇りにて、風も無く、いと静かなる景気《けいき》なり。社中の者共例の如《ごと》く出社し居たるに、兼《かね》て諸方に出だし置きたる探訪者の、あわただしく馳《は》せ帰りて、報道する所を聞くに、午前八時二十分頃、内務卿正三位大久保利通は、太政官に出頭せんとて、馬車を馳せ、紀尾井町一番地西裏の方、清水谷へ掛らるる折《おり》しも、左の桑畑と、右の草むらに、兼て潜伏し居《お》たる六人の賊躍《ぞくおど》り出て、白刃《はくじん》を揮《ふる》って馬に切《きり》付《つ》け、一頭は即死し、一頭は重傷して屏風を覆《くつがえ》す如く倒れ、車は横に傾《かたむ》く処を四方より切掛け、馭者《ぎょしゃ》を三刀にて切殺し、内務卿を車より引卸《ひきおろ》し、六刀斉《ひと》しく下《く》だり、竟《つい》に卿ははか無くも、路傍《ろぼう》の露と消《き》え給《たま》いぬ。其死所は詳《つまびら》かには知《し》り得《え》ねど、頭上へ真向に二太刀、横に一太刀、背中に一ケ所、腹に一ケ所、足に一ケ所、猶《なお》数ケ所の重創《じゅうそう》有りと聞けり。

馬を切らるるを見て、馬丁《ばてい》は一散《いっさん》に奔《はし》り、三方面二分署へ注進《ちゅうしん》したれば、警部巡査はソリャ事こそ起りたれと馳《は》せ附けし頃、彼の六賊は血刀《けっとう》を路傍に投げ棄《す》てて、宮内省の御門に馳せ附け、高《たか》らかに大久保利通を殺害したる旨《むね》、自訴《じそ》に及びたり。此《こ》の六人の姓名は、石川県士族島田一良（三十）・同長連豪（二十四）・同杉本乙菊（二十九）・同脇田巧一（二十八）・同杉村文一（十七）・島根県士族浅井寿篤（二十五）と云う者にて、一同顔色常《つね》の如く、笑いを含《ふく》みしものも有りし由《よし》。

此者共は直《す》ぐに宮内省より第三課へ送致《そうち》せらる。此騒動《そうどう》により、宮内省へは騎兵並《きへいならび》に警視の人々

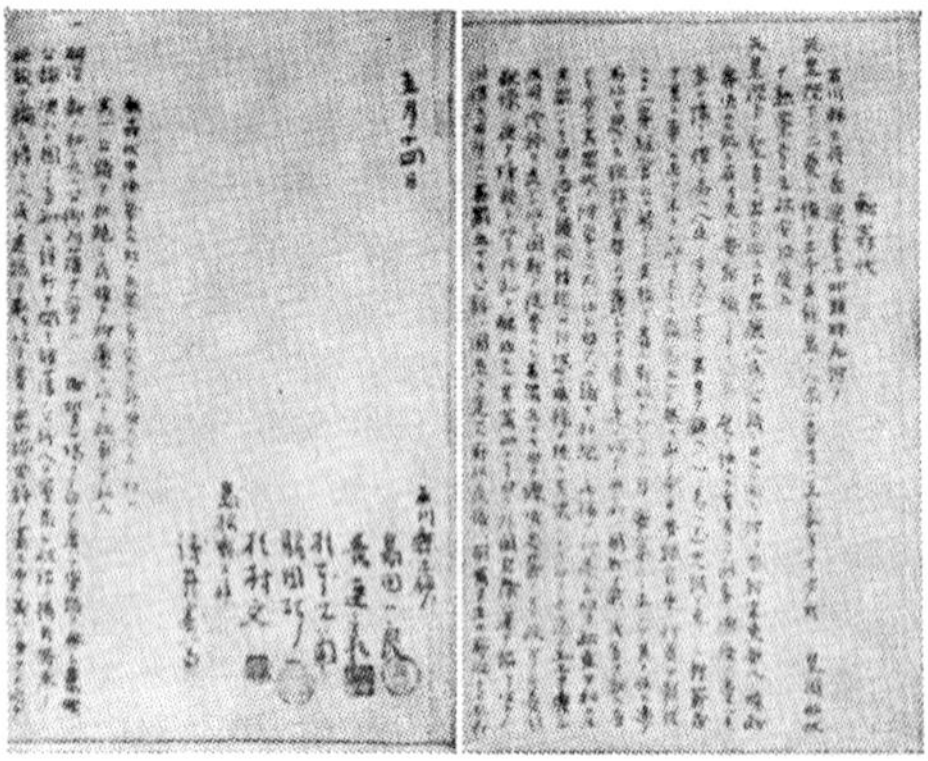

斬　姦　状

厳しく警衛をなしたり。

内務卿の遺骸《いがい》はブランケットに包み、直ぐ私邸へかつぎ入れらる。間もなく勅使として富小路侍従が参《まい》られ、勅語《ちよくご》も有り、賜《たま》わり物も有りしという。其《そ》の変を聞くや否《いな》や、侍医《じい》の面々《めんめん》も早馬《はやうま》にて其場《そのば》へ馳せ附けられしかど、最早事《もはやこと》切《き》れし上なれば、其まま禁中《きんちゆう》に帰られしと申す。官省《かんしよう》の人々は言う迄《まで》も無く、下々《しもじも》まで、誰《だ》れ独《ひと》り驚かぬ者とては無く、旧幕《きゆうばく》の昔井伊元老《げんろう》の桜田の事など思い出て、哀《あわ》れに覚《おぼ》え、書き綴《つづ》る事も跡《あと》や先《さ》きになりぬ、見る人ゆるし給《たま》いぬ。

右の大事件に付、驚く可《べ》き事こそ有れ。午後三時に社員は前の投書《とうしよ》箱を開き、数通の投書を検閲《けんえつ》する中に、小石川水道町六番地梅本六助と題せる封書《ふうしよ》あり、開き見れば斬姦状と有りて、前文の島田一良・長連豪等の名にて、本日大久保利通を途中に戮《りく》殺するに因《よ》り、各社新聞を以《もつ》て此の斬姦状を公布《こうふ》し呉《く》れとの添書《てんしよ》有り。

其の罪状《ざいじよう》を、公議を杜絶し、民権を抑圧し、以て政事《せいじ》を私する其罪一なり。法令謾施・請託公行、恣《ほしいまま》に威福《いふく》を張る其罪二なり。不急《ふきゆう》の土工《どこう》を起し、無用の修築を事とし、以て国財を徒費《とひ》する其罪三なり。慷慨《こうがい》忠義の士を疎付し、憂国敵愾《ゆうこくてきがい》の徒を嫌忌《けんき》し、以て内乱を醸成《じようせい》する其罪四なり。外国交際の道を誤《あやま》り、以て国権《こつけん》を失墜《しつつい》する其罪五なりと有り。

其の説《と》き明《あ》かしは至《いた》って細《こま》かにて、罫紙《けいし》十三枚に満《み》ち、文章も中々筆の立ちたる書きかたなり。去《さり》ながら如何にも不容易なる事なれば、妄《みだ》りに之《これ》を登録す可きに非《あら》ざれば、直ぐに第一方面三分署へ、右の始末《しまつ》を届け、其の書面は一《ひ》と先《ま》づ署中に預り置かれぬ。其の文中に、去年西南の乱に義挙《ぎきょ》をなし、西郷に応ぜんとせしが果《はた》さずと云うの語も有り。島田・長等は、皆石川県下忠告社とかの社中なりと申す事。

刺客六人が宮内省に自首し、近衛兵と話している時、大隈参議の馬車が入って来た。斬姦状に載《の》っている殺す予定の一人である大隈であったが、刀は捨てて来たので、目くばせはしたがどうにもならなかった。腰にピストルを差していた事を忘れ、馬車がすぎてから気がついたという話がある。

刺客の六人は除族の上、斬罪になったが、連累《れんるい》者として石川県士族二十余人が禁獄《きんごく》等に処せられた。新聞には、大久保および刺客の略伝《りゃくでん》が掲載された。

虎ノ門

内幸町《うちさいわいちょう》二丁目の西南角にあった。虎ノ門の意味には異説《いせつ》もあるが、大手門を(四神《しじん》の)朱《す》雀《ざく》の意味とし、これに対する白虎《びゃっこ》の意味で命名した門だといわれている。この門は慶長ごろすでに築いてあったが、立派な枡形になったのは寛永十三年(一六三六)で、佐賀《さが》藩主《はんしゅ》鍋島信濃守《なべしましなののかみ》

虎ノ門

勝茂《かつしげ》の手によるものであった。異説としては、元和六年（一六二〇）に伊豆《いず》・駿河《するが》・相模《さがみ》三か国の人夫《にんぷ》に運《はこ》ばせた石壁で造った門というのであるが、これは三の丸虎口の構築の方と間違えた説である。

明暦大火に焼失し、万治に再築したが、享保十六年（一七三一）・明和《めいわ》九年（一七七二）の大火でまた焼失した。その後は櫓門《やぐらもん》を廃《はい》して冠木門《かぶきもん》※(8)としたままでおかれたという。

御《お》成《なり》門《もん》

この門は内幸町の東南角の幸橋にあったから幸橋門といったが、古くは御成橋門・御成門といわれた。将軍の増《ぞう》上寺《じょうじ》※(9)参詣の御成道筋《おなりみちすじ》にあったからである。寛永十三年（一六三六）に、枡形は熊本藩《くまもとはん》細川氏、櫓門は弘前藩《ひろさきはん》津軽氏によって普請されたものといわれる。明暦大火に焼失し、万治二年に再築した。再築された幸橋門はすこぶる立派な門であって、『東海道名所記』に、次の通り見える。

殊更《ことさら》に目をおどろかしけるは、御成門の有様《ありさま》なり。柱は七宝《しっぽう》をちりばめ、扉には唐や日本の色々のほり物、象のはな、竜の鱗《うろこ》、或《あるい》は仙人、あるいは二十四孝《にじゅうしこう》、上には桐《きり》・蔦《つた》・からくさ・花づくし・鳥づくし・珊瑚《さんご》・瑪瑙《めのう》・琥珀《こはく》・瑇瑁《たいまい》、金銀ちりばめ、細工《さいく》にあかせてたてられたり。みれども、みれどもいやめづらし。かへらん事をわするるとは、かようの事なるべきにや。

この門は享保十六年(一七三一)・寛政六年(一七九四)にも焼けた。門番を勤《つと》める大名・旗本の家来は、初期には各自の弁当を持参したが、後には炊出屋《たきだし》という弁当屋が運んで来るようになったという。

※(1)**天守閣**　城郭の本丸中央に、三層または五層と、ひときわ高く築いた最大の櫓。

※(2)**富士見櫓**　明暦の大火で類焼《るいしょう》した後、万治二年(一六五九)再建された。天守閣は再建されなかったため、その後は江戸城中央に位置するこの櫓が天守閣の代わりを果たした。将軍がこの富士見櫓の三階で、夏の風物詩・両国《りょうごく》の花火を見物したといわれている。

※(3)**三家**　諸大名の上に位した徳川家の一門、尾張・紀伊・水戸の総称。尾張家は、徳川家康の第九子義直《よしなお》、紀伊家は第十子頼宣《よりのぶ》、水戸家は第十一子頼房《よりふさ》を祖《そ》とする。親藩中の別格で、将軍に世継《よつ》ぎのない時は、この三家から出す事になっていた。

※(4)**奥女中**　江戸時代、将軍(大名)やその奥方に仕え、奥向きの用を足した女中の事。御殿女中ともいう。

※(5)**広敷**　江戸城の本丸および西の丸の大奥の一部。大奥勤務の男子役員が詰めていた場所。

※(6)**三卿**　徳川氏の支族である、田安・一橋・清水という三家の家格。三家の次席で、宗家に嗣子のない時は、宗家を継承する資格を有した。八代将軍徳川吉宗が、尾張・紀伊・水戸の御三家に準じる家柄として自分の二子に一家を構えさせ、九代将軍家重《いえしげ》もこれにならった。田安家は吉宗の第二子宗武、一橋家は第四子宗尹、清水家は家重の第二子重好《しげよし》を祖とする。

※⑺**神田上水**　江戸初期に、江戸の町の飲料その他に役立たせるために設けられた上水。井の頭池から小石川・関口《せきぐち》・水道橋を経て、神田・日本橋・京橋《きょうばし》に給水《きゅうすい》した。

※⑻**冠木門**　二本の門柱の上方に横木を渡した屋根のない門の事。

※⑼**増上寺**　東京都港区芝公園にある浄土宗の大本山。徳川家康が徳川家菩提所《ぼだいしょ》と定めて以来、寛永寺《かんえいじ》と並ぶ江戸の大寺となった。

登城《とじょう》の風俗

登城の行列

現代の毎朝の官庁への通勤と同じなのが、江戸城大手門《おおてもん》への老中《ろうじゅう》以下幕士《ばくし》の行列である。毎日もあれば、隔日《かくじつ》・隔月《かくげつ》・式日《しきじつ》だけのもあり、いろいろであるが、いずれもここに集まって来るから、その雑踏《ざつとう》は大変なものである。次頁に掲《かか》げたのは、大手番所《ばんしょ》前に集まって来た大名《だいみょう》・旗《はた》本《もと》の大小行列で、上下《かみしも》姿は供侍《ともざむらい》、黒の法被《はっぴ》は中間《ちゅうげん》である（風俗画報一号）。

この画のうちに、甘酒売《あまざけうり》・武鑑《ぶかん》※(1)売・茶売・菜売としてある。この処までは、規定された行商《ぎょうしょう》人《にん》の物売《ものうり》が出来たと思われる。供《とも》の人足《にんそく》などの弁当は、生味噌と沢庵漬《たくあんづけ》が少々といったお粗末な代物《しろもの》であったから、ここで売っている菜売りから菜を買うのである。甘酒・茶売りもこれに準ずるが、甘酒は火気《かき》を禁じられていたので冷甘酒であり、茶売りは神田三河町《かんだみかわちょう》の茶屋勘兵衛だけに限られていた。

江戸城へ登城する際の乗物・行列等は、身分格式によって違っていた。乗輿《じょうよ》つまり駕籠《かご》に乗

大手番所前の登城行列の雑踏

る資格のある者は下乗橋《げじょう》のうちまで入れて、百人番所外の見張りまで乗物でゆけたが、右筆《ゆうひつ》・組頭《くみがしら》などの無資格者は下乗橋の外で下りなければならなかった。輿を舁《か》く者つまり駕夫の数にも、規定ではないがちゃんと制限があって、老中の駕夫は十人、国持大名《くにもちだいみょう》は八人、芙蓉《ふよう》の間詰《ま》※(2)役人は大目付を始め寺社奉行・奏者番《そうしゃばん》等は六人であるが、町奉行となると四人ぐらいにすぎなかった。

供侍と六尺

当時は駕夫を六尺《ろくしゃく》と称した。六尺の正服は、将軍始め三家《さんけ》・三卿《さんきょう》・喜連川《きつれがわ》※(3)に属する者は、特に黒絹の羽織を着て、脇差《わきざし》を佩《お》びていた。だが他の大名およびそれ以下の六尺の正服《せいふく》は、羽織・脇差はなく、木綿《もめん》の法被《はっぴ》にすぎなかった。乗輿の資格のある者の六尺の法被には紋を附けられるから、『武鑑』に見えるような、各家の法被の紋を足軽《あしがる》・中間と区別して附けた。もちろん無資格者の六尺の法被は無紋であった。法被の染色は、黒または紺・花色、あるいは柄物であった。ただし六尺の大礼服《たいれいふく》となると退紅色《たいこうしょく》（薄い赤色）で、中世以降には仕丁《してい》の着る服となっていた。右筆・組頭以下は乗物登城を禁じられていたから、普通の駕籠に目をつけて、四人の駕夫の人員の看板すなわち法被をそろえず、町駕籠に乗った形式で登城したものである。駕夫四人を普通としたが、小身者《しょうしんもの》は三人または二人でかつぎ、他に手代わりの駕夫一人が附いていた。

いる。当時においても、大名等の行列がいかにも珍妙に見えたという証左《しようさ》であろう。

太宰春台《だざいしゆんだい》※(4)は『経済録』で、供侍および乗物をかつぐ六尺の滑稽《こつけい》な服装を次のように批判している。

今の儀仗《ぎじよう》には、士太夫も袴《はかま》の裾《すそ》を高くかかげて、髀《もも》より下を露《あら》わし、奴隷の輩は腰より下を露わす。人身の中にてここは至って不浄なる処なるを、これを露わして貴人に示す。輿夫は輿の前後にある者にて、前にある者は臀《しり》を輿中の人の面前《めんぜん》に当《あ》つ。輿中の人、輿の窓よりこれを守りみて、穢《けが》わしと思わぬは、如何なる習俗ぞや。熟々《つらつら》思わば嘔吐《おうと》すべきことなり。

江戸抱えと一季抱え

この六尺には、主人が毎年年俸《ねんぽう》を与えている譜代《ふだい》の者もいたが、一季抱《いつきがか》えの臨時人足もあった。譜代は戦争に出る陣夫であるが、平和な時代になったので、一季抱えですむようになったわけである。この内江戸で抱えた者、すなわち「江戸抱え」というのは一季契約の渡り者で、自分の家業から離れて江戸で浮浪している無宿者《むしゆくもの》であった。いわば人間社会のどん底にいる者であるから、至って悪《わる》ずれした者が多く、もっぱら賭博《とばく》を趣味としていた。いうなれば博奕《ばくち》を打っている事で、世の中に生きがいがあると考えている者たちであった。したがって厄介者《やつかいもの》ではあったが、機敏であり、事に馴《な》れているので、江戸城への登城、あるいは老中《ろうじゆう》等への訪問、つまり対客日・御逢日の訪問の時のように、江戸市街で他の大名行列との行先競争のかけひきが必要な際には、ぜひとも必要な存在であった。大名が、こうした厄介者でも抱えなければならなかったのは、結局、小さな国際連合都市の江戸在府《ざいふ》、つまり参勤制度があったためであるといえる。

一季抱えは一年限りの奉公人であって、武家としては、譜代の奴《やっこ》でなければならない建《た》て前《まえ》からいうと、封建君主制《ほうけんくんしゅせい》に反することになる。賃銀労働者は好ましくないとして、幕府は慶長《けいちょう》以来しばしば大名等に警告を発していたが実行されず、逆にこうした賃銀の労働者が増加するばかりであった。

『政談《せいだん》』※(5)には、

農村にも出替り者が多くなり、譜代の作男《さくおとこ》は少なくなったといい、都会の奉公人の傾向を、浮気な者は釣髩奴《つりびんやっこ》や手振りを好む奴となった、つまりやくざ気質になり、供一辺という条件付の奉公人が中ごろからできた。

と嘆いている。「供一辺」というのは、大名の御供だけで、他の中間のする雑用はしないということである。釣髩奴・手振り奴というのは、博奕打ち風の風俗をする者で、慶安《けいあん》五年（一六五二）、すでに町触《まちぶ》れで「町人の草履取《ぞうりとり》・小者《こもの》、或《あるい》は知音《ちいん》致し、或は兄弟・親類の契約致し、草履取を引廻し、奉公に出し候事、無用たるべく」とか、また「六尺・小者、私に草履取を抱へ、人主《ひとぬし》になり、奉公に出し候《そうろう》事停止」などとこの事を禁じている。つまり町人である周旋屋《しゅうせんや》的な者が、一季抱え・日雇《ひやとい》などを抱えてはならない。親分・子分・兄弟分や親類などの盃《さかずき》をしてはならないというのである。博奕打ち・テキ屋の前身のような親類づきあいの習慣を禁じたわけであるが、これが皮肉な事には登城行列の供に必要欠くべからざる存在になっていた。

抱え請状《うけじょう》

日雇を抱える時は、人宿《ひとやど》すなわち前記の人主を保証人とした。抱える方では支配役人と駕籠脇の武士が立ち合って見分《けんぶん》し、契約書である請状をとるのであるが、労働争議を恐れて、雇方は、請状には、食事が遅れても苦情をいわないというような事まで、詳しく書き加えさせたのである。食事が遅れる事は、行列の場合しばしばあって、労働する中間にとっては重大問題であったから、団体交渉をしてくる。そのため、特にこの一条も加えられたのである。その辺の事情は次文を見ると良くわかる。これには『御刀持御駕籠勤方覚』としてある。

一、御駕の者を抱え候節、支配にて見分いたし候に付、立会《たちあい》見分いたし候事。

一、下行（食事給与）は押《おさえ》（行列の最後、列が乱れないようにする人）より以下、昼五十文、夜三十二文。

一、御抱え陸尺《ろくしゃく》（六尺）、昼支度《したく》の義《ぎ》は、八時《とき》分（午後二時）まで彼是《かれこれ》申す間敷《まじ》きよし、請状の内にあり候よしの事。

一、九ツ半時（午後一時）すぎ、御供揃いの節、御出先にて六ツ半（七時）頃まで見会せ申し候。渡り陸尺、度々下行相願い候わば、御帰りいまだ御間も御座《ござ》候《そうろう》御様子に候わば、先《ま》づ下行相渡し申し候。御徒士《かち》（徒歩で行列の先導を勤める人）以上はその時々取計《とりはから》い次第、殊《こと》の外刻限《ほかこくげん》も遅く候節、先づ餅菓子《もちがし》にても給《たべ》させ置き候義もあり候。昼御出の節も、右の振合《ふりあい》にて取計いこれあり候。昼は渡りの者も、八ツ頃までは支度相願い申さぬ間、八ツ時過、八ツ半頃にも相成り候わば、右の振合に仕《つかまつ》るべく候事。

供揃いの制限

以上は行列の主体になっていた中間の本質であるが、この上にいる者は少数にすぎなかった。身分・格式によって中間の数が多くも、また少なくもなったが、いずれにしても大手《おおて》（城の表門）前へは一度に殺到したから、その混雑ぶりが知られよう。そこで、身分・格式などを考慮して、幕府では従者《じゆうしや》数などを制限した。その例として宝暦《ほうれき》八年（一七五八）四月の触《ふれ》による制限法を挙げておこう。

一、左の御書付《かきつけ》、宮内少輔殿御渡しなされ候よし。

諸大名下乗場の義、前々と違い猥《みだ》りになり候に付、向後《こうご》は国持《くにもち》たりというとも、大手の方は張番所東の方を限り、桜田の方は張番所向い御堀端《おほりばた》東角を限り、下乗然《しか》るべく候。

右、前々相触れ候通り、いよいよこの趣きに相心得《あいこころえ》候て申達《もうしたつ》せられべく候。（寅四月）

右の趣き大目付え相触れ候間、万石以下の面々えも達せられべく候。

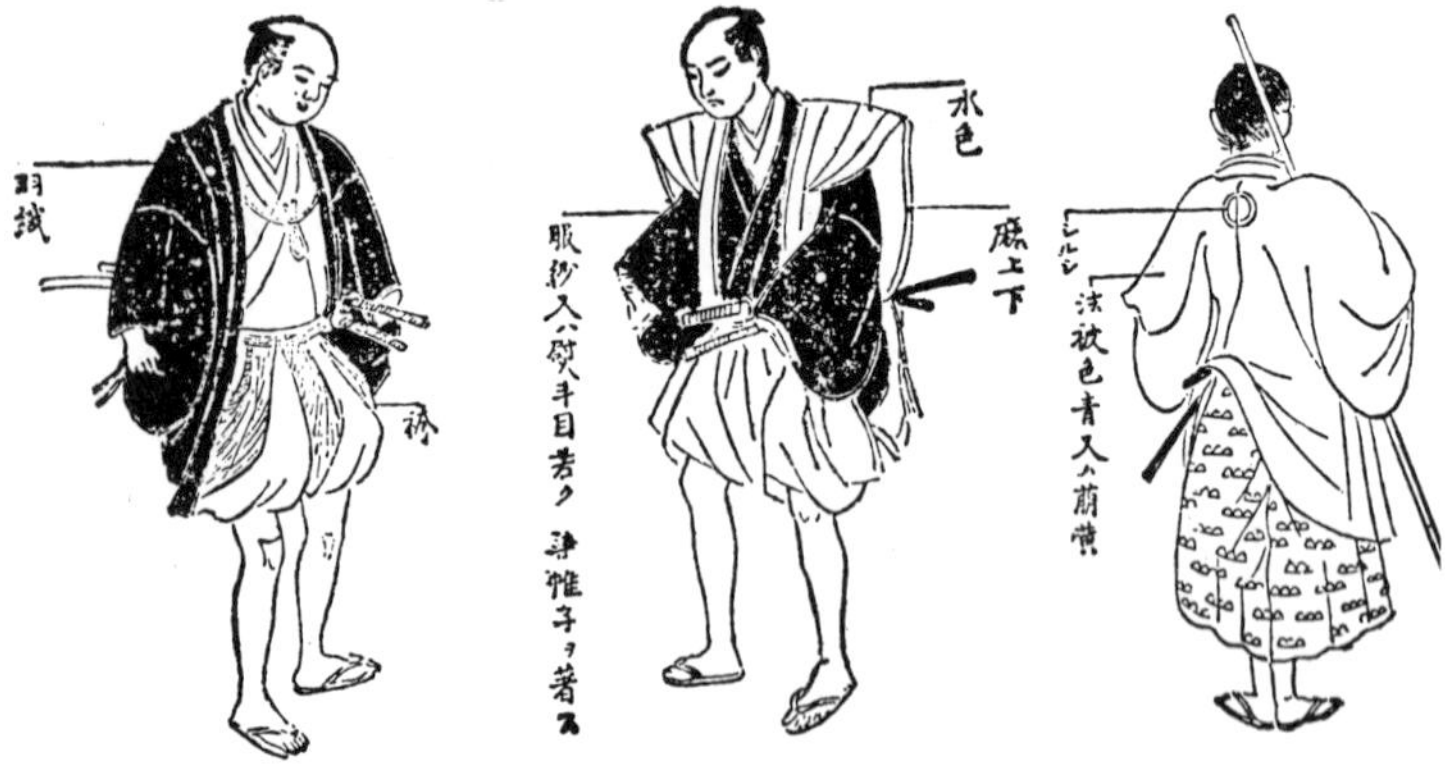

供侍（左・中）と足軽（右）

下馬より下乗橋まで召連れ候人数の覚

一、四品および十万石已上《いじょう》（以上）並びに国持の嫡子《ちゃくし》は、侍《さむらい》六人・草り（草履）取一人・挟箱《はさみばこ》持二人・陸尺（六尺）四人、雨天の節は傘《かさ》持一人。

一、一万石已上より、侍或は五人、或は四人、分限《ぶげん》に応《おう》じ、この内を以《もっ》て列《れっ》せられべく候。草り取一人・挟箱持一人・陸尺四人、雨天の節は傘持一人。

下乗より内え召連れ候人数の覚

一、四品および十万石已上並びに国持の嫡子は侍三人。

一、一万石已上・嫡子共に侍二人、幼少の面々は、外に介添《かいぞえ》一人、勝手次第たるべく候。右、草り取一人、挟箱持一人。

但《ただ》し挟箱は中の御門外に残すべく候。雨天の節は傘持一人。

一、諸番頭・諸物頭・布衣《ほい》已上の御役人並びに中奥《なかおく》※(6)御小姓《こしょう》衆、三千石以上の寄合は侍二人・草り取一人・挟箱持一人・雨天の節は傘持一人。

一、三千石已下《いか》（以下）の寄合・布衣已下の御役人・中奥御番衆・惣御番衆は侍一人・草り取一人・挟箱持一人・雨天の節は傘持一人。

一、医師は侍一人・草り取一人・挾箱持一人・薬箱持一人。

一、御城に部屋これなき面々は、挾箱は中の御門外に残されべき事。
但し御役人は唯今《ただいま》までの通りたるべき事。

一、江戸中往還《おうかん》の節、供廻り小勢に列《なら》ばれべく候。たとえ国持たりという共、騎馬《きば》（馬に乗っている人）は一騎か、二騎、供鑓《やり》は二本か三本を過ぐべからず。惣体又者《そうたいまたもの》等軽く列れべき事。

一、九千石より五千石までは侍七人か八人。

一、四千石より三千石までは侍六人か七人。

一、二千石より千石までは侍四人か五人。

一、九百石より三百石までは侍三人か四人。

一、二百石は侍一人か二人。

一、五千石已上は押足軽二人。

一、三千石より四千石まで押足軽一人。

一、三千石以下は押足軽無用。
但し番頭並びに芙蓉間御役人は押一人。

一、軽き輩は長柄傘《ながえのかさ》無用《むよう》たるべき事。

一、陪臣《ばいしん》の輩、召連れ候供の者、右人数に準じ、いよいよ小勢に申付られべき事。

右の趣き、急度《きっと》相守られべく候。惣体供の者風俗、目立ち申さず候よう、作法《さほう》よろしく、道をも互《たがい》に片付け、通りの障《さわ》りに罷《まか》りならざるよう、申付られべき事。

一、御城内外え召連れ候供廻り等の儀、先年仰出《せんねんおおせいだ》され候処、近年猥りになり候間、前々仰出され候通り、いよいよ相守り申されべく候。

供中間の取締り

ここに注意してある「供の者風俗」というのは、先に述べた「江戸抱え」の渡り中間というやくざ者についてである。次に掲《かか》げるのは、文政《ぶんせい》十年（一八二七）に老中堀田摂津守《ほったせっつのかみ》が大名・旗本に触れた、行列における供中間の喧嘩口論《けんかこうろん》に窮《きゅう》しての取締令であるが、このうちには一季抱えの他に月抱え、日雇、さらに何軒かの旗本であろうが、共同に抱えられている時間雇まであるとしてあり、風儀《ふうぎ》のよろしい者を選べといっている。封建労働制が壊《こわ》れて、賃銀労働制に移行しつつある傾向がハッキリ現《あらわ》れていて興味深い。

諸家供廻りの儀、前々より度々触もこれあり候処、近来《きんらい》相ゆるみ、がさつ不法の振舞これあり、喧嘩口論、闘争にも及び候趣き相聞え候に付、右体これなきよう、主人主人より厳重に申付けられ、役人の申付をも相用ざるものは、軽き儀は仕置《しおき》を申付け、重き儀は、不法の趣意書面に認め、町奉行え差出すべき旨《むね》。その外、天明八年触の趣き、去《さ》る辰《たつ》年（文政《ぶんせい》三年・一八二〇）相達しおき候処、兎角《とかく》がさつ不法相止まず、口論等もあり、吟味《ぎんみ》の上、御仕置申しつけ候え共、ひっきょう主人の申付け方ゆるがせゆへの儀、家来の制も不行届《ふゆきとどき》に付、前々より相触れ候趣き相守り、末々まで厳重に申付けられべく候。御役をも相勤められる面々は、なおさらの儀。

かつ近来は、陸尺（六尺）・手廻り共、入込みと唱《とな》え、抱え切りのもの、抱え中、その屋敷の外、所々《ところどころ》屋敷えも同様に抱えられ候よし。如何《いかが》の事に付、なるべきたけ手人《てひと》を召連れ申すべきは勿論《もちろん》の儀、併に差支えもこれあり、町抱・月抱またはその日雇入れ候とも、徒士・足軽を始め、陸尺・手廻りに至るまで、風儀よろしき者を相糺《あいただ》し、召連れ申されべく候処、今もって入込抱のものは相止まず、所々え抱えられ、種々我儘《しゅじゆわがまま》の振舞《ふるま》い致《いた》し、主人主人の申付けをも相用いず、おのつから、がさつ不法の所業《しょぎょう》これある趣き相聞き候に付、今般当人どもを始め、請人に相立ち候人宿一同、奉行所において吟味に相成り候条なるべきたけ手人を用い、不足の節は雇入れ候とも、がさつなきよう申付けられべく候。

右の趣き相触られべく候。

十二月（文政十年）

この触のうちに、「手人《てひと》」とあるのは、次の引用文に見える在所《ざいしょ》の者と同様、いわゆる領地から連れて来た国者《くにもの》中間であるから、主人が自由に処分出来た。だが一旦「江戸抱え」となると、江戸に請人がいる中間であるから、支配は町奉行となり、大名・旗本といえどもかってに処分が出来ない厄介な者であった。次の例は『甲子夜話《かっしやわ》※(7)続篇』に採録《さいろく》してある信州《しんしゅう》（信濃《しなの》国の別称）

松代《まつしろ》藩主の行列の供中間の事である。

先頃、御城内下馬にて、供廻り口論喧嘩ありて、総じて渡り者、途中がさつなること間々《まま》あり。いかがなりと、厳しき御触《おふれ》などありき。其ときのことか、松代侯《こう》（真田《さなだ》氏）の老中に申し達せらるるは、某《それがし》方の供人は皆在所者ゆえ、以後もし口論等申しかけ候節、致し方によっては、相手を討捨て申すべしと達せらる。されども我れ駕中より指図《さしず》なき間は、討捨てまじといいつけられしと、左右の者が話しゆえ、談中に、このことといよいよなりやと問へば、然《しか》るには非《あら》ず。件《くだん》のとき某方より老中方へ申し述《の》るには、某方にては供の人、皆在所者を連れ候間、以来もしいかがのことも候わん時、然るべく心得《こころえ》給わるべしと、使者にいいたれば、一統《いっとう》の中、青山侯（丹波笹《たんばささ》〈篠〉山《やま》藩主）ことに善《よ》く聞受けられ、何にも尤《もっとも》に承《うけたまわ》り候との答のうへ、青山侯の同勢《どうぜい》にも屹《きっ》と申付られ、真田侯と途中にて行合わば、片より行くべしとのことにて、成《な》るほど途中片よりて通られたり。これ等のことを、世上にて種々に申し触らすと聞えしが。前説もその一事ならんとて笑われし。

これより前の寛政《かんせい》九年（一七九七）に、常陸笠間藩《ひたちかさまはん》牧野日向守《ひゅうがのかみ》から町奉行へ伺《うかが》った書には、「万石以上の大名の供人に、日雇を召し連れてもいいか」との問いが記されており、これに対して町奉行は「苦しからず」と答えている。また「江戸抱えの者の給金取立に請人が藩邸《はんてい》へ来て、支払い方で強談《ごうだん》をした場合、その請人の態度が不（無）礼な時は打ち捨ててもいいか」との問いに対して、町奉行は「打ち捨ては良くない、当方へ吟味を願い出る事である」と答えている、つまり大名でも抱え中間の給金が支払えなかったところから請人が強談したという例であって、大名・旗本共にやりくりができなくなっていたのが実情であった。

前記『甲子夜話続篇』に、青山侯としてある大名の子孫の下野守《しもつけのかみ》というのは実在者である。これに関連した実録小説『江戸の相政』には、財政難なのかどうかわからないが、「渡り中間」を使わず「手人」にしたという事が次の通り見えている。『江戸の相政』は小説ではあるが、実説を基礎として作ったもので参考になると思う。

御老中青山下野守どの、近頃渡り手廻《てまわり》の風儀暴々《あらあら》しくなりて、町奴《まちやつこ》の昔《むか》しに似たればとて、渡り人足を更に廃《はい》し、若殿初登城の其おりより、手人を以《もつ》て登営《とえい》されしに、今迄これに附従《つきしたが》いし渡り人足は糊口《ここう》に迫《せま》れば、己《おのれ》が様々最寄々々の元締《もとじめ》に、身をゆだねつつ遺恨《いこん》を含み、折がなあれと窺《うかが》ううち若殿初登城あると聞き、時こそ来れと、大勢の人足どもは下馬へ押《おし》かけ、或《あるい》は御老中の屋敷々々、玄関前に待かまへ、若殿が登城をしまい、老中廻りをするに際し、各所にありて悪口雑言《あっこうぞうごん》「銭が欲《ほし》さに渡り者を廃して、手人を遣《つか》うならん。和主《わぬし》（そなた、おぬしの意）帰らば父御《ちちご》に言ね、さまでに金が欲かりせば、佐渡へ至《いたり》て土を掘れ」と、傍若無人《ぼうじやくぶじん》の太平楽《たいへいらく》に、若殿はじめお附の人々「こは怪有《けう》しかる白痴《しれもの》かな」と怒れど、彼方は命知らず、世にいう乞食《こじき》に棒打なれば、怒りを忍びて立帰り、若殿は今日の始末《しまつ》を父御に斯《か》くと告げ——下野殿より沙汰《さた》ありて、内々探索《たんさく》せられし上は、同年（文化《ぶんか》に作ってある）十一月三十日、北町奉行《きたまちぶぎょう》榊原主計頭《さかきばらかずえのかみ》より、突然差紙到来《さしがみとうらい》して、元締・徒士押《かちおさえ》・陸尺（六尺）・手廻りにて三十八人呼上げられ、彼の悪口の事を申聞かせ、不届につき吟味中入牢とこそ成りにけり。

供への合図「見物」

次に西の丸へ御機嫌伺《ごきげんうかがい》として登城する例を挙げておこう。ここに掲げるのは、西の丸へ初雪の時に登城する譜代大名・諸役人などの画《えが》いてある図である。

西の丸の二重橋《にじゅうばし》の上から、大名の供の押《おさえ》が、「見《けん》物《ぶつ》」という家紋入りの手拭《てぬぐ》いを掲げて、「これから入るぞ」と橋外に居て帰りを待っている供の者に見せると、橋外の供の方でも「見物」を掲げて、「わかった用意している」と答える処である。初冬の時分《じぶん》はいつ雪が降るかわからないし、いずれも雑踏《ざっとう》して西の丸へ

初雪時の登城と見物

ゆくわけであるから、特に「見物」を掲げて、いろいろと用意させるための合図の目印としたわけである。

（風俗画報十一号）

※⑴**『武鑑』** 江戸時代、大名・旗本の、氏名・系譜《けいふ》・居城《きょじょう》・官位・知行高《ちぎょうだか》・邸宅・家紋・旗指物《はたさしもの》などを記した書物。毎年改訂して刊行されていた。

※⑵**芙蓉の間** 江戸幕府は、大名や旗本の家柄・禄高・役職によって、江戸城中に出仕した場合の詰所を定めていた。『芙蓉の間』には・寺社奉行・町奉行《まちぶぎょう》・勘定奉行《かんじょうぶぎょう》・大目付《おおめつけ》奏者番《そうしゃばん》・駿府城代《すんぷじょうだい》・京都町奉行・伏見《ふしみ》奉行等が詰めた。

※⑶**喜連川** 足利氏の子孫。江戸時代になって足利の名を名乗ることを遠慮して喜連川氏を名乗るようになった。石高《こくだか》の上からは旗本に過ぎなかったが、格式は別格に高く、十万石格の高家《こうけ》に列されていた。

※⑷**太宰春台** 江戸中期の儒学者。但馬《たじま》国出石《いずし》藩《はん》に仕え、辞して京都で朱子学《しゅしがく》を学び、後に江戸へ出て荻《お》生徂徠《ぎゅうそらい》に師事する。経学、経世論に秀《ひい》で、徂徠の説をもとに自説を発展させた。

※⑸**『政談』** 徳川幕府の諮問《しもん》に答え、荻生徂徠が政治・経済・社会に関する見解を述べた意見書。享保《きょうほう》十年（一七二五）ごろのもの。

※⑹**中奥** 江戸城本丸の一部。将軍が政務を執行する処で、日常生活の場でもあった。

※⑺**甲子夜話** 全二百七十八巻におよぶ随筆《ずいひつ》の名作。肥前平戸《ひぜんひらど》藩主・松浦静山《まつらせいざん》が、文政四年（一八二一）十一月十七日甲子《きのえね》の夜より起稿し、以後、天保《てんぽう》十二年（一八四一）に八十二歳で歿《ぼっ》するまで、二十年にわたり毎日書き続けた。正続各百巻、後編七十八巻。大名・旗本の逸話《いつわ》、市井《しせい》の風俗等多岐にわたって記されており、近世の社会・文化を知る上で貴重な資料となっている。

江戸城表向《おもてむき》（政庁《せいちょう》）

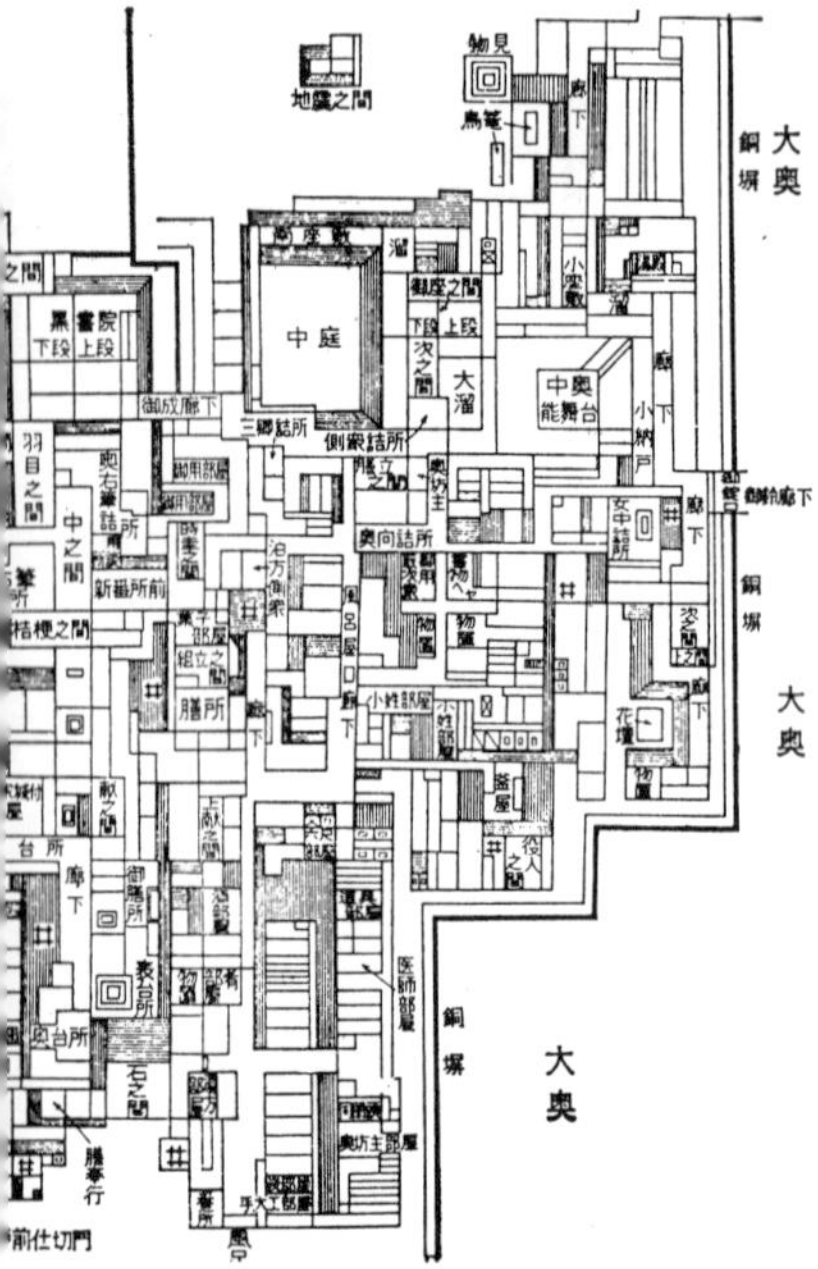

江戸城本丸表門と中奥間取図（万治2年）

表向の間取り

江戸城内の家屋は、大別《たいべつ》して表《おもて》・中奥《なかおく》・大奥《おおおく》※(1)の三区画に分けられていた。

このうち、一軒の家の入口に近い事務室を極端に拡帳したのが「表」であった。今の総理大臣・各省大臣が政務を司《つかさど》る処も、政庁に類した言葉を使わず「用部屋」という。これは「表」という表現に一致する呼び名といえる。江戸幕府《ばくふ》では、現代の

江戸城表向（政庁）

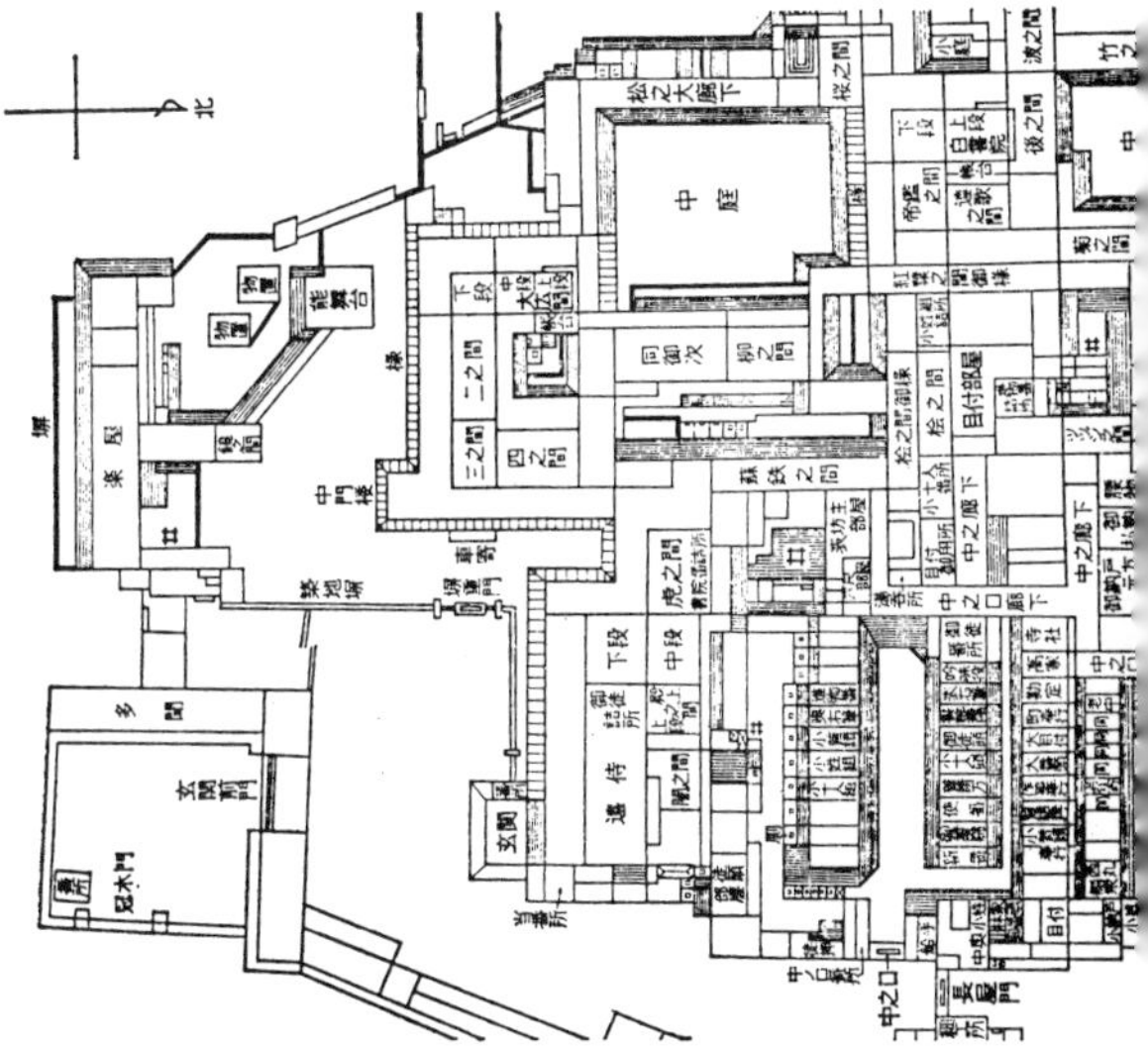

大臣に当たる者を「老中《ろうじゅう》」といったのである。「老中」とは老人番頭で、次席《じせき》の「若年寄《わかどしより》」は老人より若い年寄の意味である。「老中」の掌務には定制がなく、すべての政務を裁決《さいけつ》し、すべての職員を総轄《そうかつ》するという役割であった。

「大奥」というのは奥の部屋の事である。「御台所」（将軍の正室《せいしつ》）は皇后《こうごう》に近い意味を持つが、御を省《はぶ》けば、われわれが「勝手《かつて》」と別称する台所になる。台所を司る者は嬶《かかあ》であり、嬶の最尊称の「御台所」は、大地主の成上《なりあ》がり者の家屋という事になり、江戸城の内容がわかると思う。

江戸城内の家屋は三代将軍家光《いえみつ》時代に完成したといえるが、家光の寛《かん》

江 戸 城 玄 関 先 の 図

永《えい》十六年（一六三九）には本丸《ほんまる》が焼失した。その後も、明暦《めいれき》三年（一六五七）・天保《てんぽう》十五年（一八四四）・安政《あんせい》六年（一八五九）・文久《ぶんきゅう》三年（一八六三）と火事が起こり、計五回焼けたことになる。明暦三年の大火には天主閣まで焼け落ち、文久三年の大火以降、本丸は再建されず、将軍は西《にし》の丸《まる》に移ったままであった。

初め江戸城の建築は、室町幕府《むろまちばくふ》の「武家《ぶけ》の主殿《しゅでん》造り」という形式をとり、本丸の御殿《ごてん》は大広《おおひろ》間《ま》・表書院《おもてしょいん》になっていた。そしてこれが横三つに区切られ、奥の一段高い処に上段《じょうだん》の間《ま》、中段《ちゅうだん》の間があった。その間に松の間・二の間・三の間が並び、上段の間の正面に床・棚、左に書院、右に御帳台《みちょうだい》があり、これらの座敷は皆廊下で通じ合っていた。御殿は南向きで、破風《はふ》を附けて中門《ちゅうもん》とし、一帯には蔀《しとみ》戸が附けられた。中門寄りに「実検《じっけん》の窓」という、高い特殊な窓が附けてあったが、これは首実検をする窓の事であるから、おそらく使用した事はなかったろう。

明暦の大火後に再建された江戸城内の建物の間取《まど》りを見ると大体次の通りである。大手門（北に入る・南門）を入ると、玄関前門から玄関門、これを入ると遠侍《とおさむらい》※(2)（御徒詰所《かちつめしょ》）・中段・虎の間（書院番《しょいんばん》※(3)詰所）・蘇鉄《そてつ》の間、ここを右に曲がった処が表坊主《おもてぼうず》※(4)部屋、この先を中の廊下といい、ここが政治の中心となる処であった。中の廊下の右へ入ると、寺社奉行《じしゃぶぎょう》・高家《こうけ》※(5)・勘定奉行《かんじょうぶぎょう》・町《まち》奉行《ぶぎょう》・大目付《おおめつけ》・大番頭《おおばんとう》・作事奉行《さくじぶぎょう》※(6)・普請奉行《ふしんぶぎょう》※(7)・小普請奉行《こぶしんぶぎょう》※(8)の部屋が並び、この諸奉行らの部屋の廊下をへだてた奥の二側が各老中の部屋になっていた。奥の老中部屋の端《はし》に勘定所《かんじょうしょ》の部屋がある。老中の首席《しゅせき》は勝手方《かってかた》（会計関係を司る者）であるから、勝手すなわち勘定所を近くに置く必要があったわけである。中の廊下の左へ入ると目付《めつけ》部屋、さらに奥へゆくと白書院《しろしょいん》（表向き正式の間）、隣りが帝鑑《ていかん》の間※(9)である。白書院と黒書院《くろしょいん》（私的な対面の場）の間に中庭があり、黒書院と中庭の間に溜《たまり》の間※(10)がある。黒書院の側に老中御用部屋と若年寄御用部屋があり、中庭と黒書院の側に菊《きく》の間※(11)・雁《かり》の間※(12)・芙蓉の間・山吹の間※(13)・竹の間・羽目の間・中の間※(14)・奥右筆《おくゆうひつ》詰所があって、皆譜代大名・旗本の居室になっていた。この奥が中奥で、御錠口《おじょうぐち》（御鈴廊下《おすずろうか》）から間近の処に将軍のいる御座《ござ》の間と小座敷があった。

万治《まんじ》二年（一六五九）の御表向間取図と文久元年（一八六一）の柳営《りゅうえい》真図間取りはほとんど同じであるから、（九十四頁に）万治二年の『江戸城』（村井益男著）を掲《かか》げておく。

御用部屋

老中の御用部屋と御座の間との間係は、特に重要さを持っている。この部屋の間が近いころは御側用人《おそばようにん》に権力がない時代だったからである。しかし将軍が御座の間から後方の御休息の間へ退《しりぞ》いてからは、御側用人が権力を持つようになり、幕府の政治をゆがめるようになった。

老中の御用部屋と将軍の御座の間との間の距離が大きく隔《へだ》てられるきっかけになったのは、五代将軍綱吉《つなよし》の貞享《じょうきょう》元年（一六八四）八月二十八日に、大老堀田筑前守正俊《たいろうほったちくぜんのかみまさとし》を、従兄弟《いとこ》に当たる若年寄稲葉石見守正休《いなばいわみのかみまさやす》が羽目の間で殺した事件である。稲葉はまた、三代将軍家光《いえみつ》の乳母《うば》・春日《かすがの》局《つぼね》の一族でもあった。

稲葉は堀田大老の右脇の下から左肩先まで突き貫いて殺し、居合わせた他の老中が皆脇差《わきざし》を抜いて稲葉を殺した。大老職を置いた事により、権威が大老一人に集中し、堀田大老が横暴《おうぼう》になったために生じた兇変《きょうへん》であるというところから、この後は大老職を置かず、側用人として牧野の他に松平伊賀守《まつだいらいがのかみ》・喜多見若狭守《きたみわかさのかみ》を任《にん》じた。また大老の代りに老中連署《れんしょ》とする事にした。

将軍が休息の間へ退いてから、老中が将軍に謁《えつ》するのは、一月に三度か五度になり、一方近習《きんじゅ》は毎日将軍と逢っているので親しくなり、いきおい眷顧《けんこ》をもって権勢盛《けんせいさか》んになった。また老中の御用部屋は、後には別に設けられ、若年寄には直室がなかったが、老中御用部屋の下の間を詰所とする事になった。

御座の間

徳川家の主人、将軍様の居間は御座の間で、将軍が布衣《ほい》以上（今の勅任官《ちょくにんかん》）に役職を命じ、老中らに謁見《えつけん》をする広間であった。この間は御上段・御納戸構《なんどかまえ》・御下段・二の間・三の間・大溜の六間に分かれ、上段・下段・二の間は各十八畳、三の間は二十二畳、大溜は三十畳ぐらいであった。いずれ桧材《ひのき》・高麗《こうらい》べりの畳《たたみ》である。

面会する役人は、老中・若年寄・御側御用人であって、三家《さんけ》・三卿《さんきょう》・遠国奉行《おんごくぶぎょう》にも逢うが、用談《ようだん》の場合は人払《ひとばら》いとなった。普通、役人に面会する際、将軍は袴ばかりで下段に着座し、御側衆が案内して、何の某《なにがし》と披露《ひろう》すると、すぐ立って三の間の隅《すみ》へ退いてしまう。謁見する役人の方は、下段入側の柱の処へ平伏《へいふく》するのである。この間は奥の対面所ともいっていた処で、将軍の表出御《しゅつぎょ》というと、白書院・黒書院・大広間へ出る事であるが、これは特別な場合に限られた。

御座の間における役人の任免《にんめん》は、「御用召《ごようめし》」といった。召《め》される方へは「御用儀被為在候《ごようのぎあらせられそうろう》条《じょう》、明何日登城可有之云々」という御用状が来る。白判切の紙で来るのは上首尾《じょうしゅび》、鼠《ねずみ》判切の紙で来るのは不首尾《ふしゅび》、午前中はめでたい方、午後はめでたくない方であった。ただし御座の間は布衣以上で、布衣以下は老中列座の処で月番《つきばん》老中が任免し、将軍病気の時は老中が代わって任免した。

御用召

「御用召」の時は、将軍は肩衣袴を着て上段に着座する。月番老中は下段と二の間入側との界《さかい》にある柱の元に両手をついて着座《ちゃくざ》する。御用召の者は下段の入側、月番老中の左手の柱の元椽の敷居《しきい》とすれすれの処に座して平伏する。御用召の者の服装は、諸麻の上下《かみしも》で、黒紋付の着物、扇子《せんす》・印籠《いんろう》は持たず、素足《すあし》であって、御目付の案内で入り、右のように着座するのである。ここで挙《あ》げる例は仮に、町奉行矢部駿河守《するがのかみ》の後任になった鳥居甲斐守《かいのかみ》の新任とし、裏には大奥女中の運動による任命としておく。
一同が着座し、将軍が休息の間から出て来て上段に着座すると、御側御用取次《とりつぎ》が手をついて、月番老中に目配《めくばせ》すると老中がうなずく。御用取次がすぐ御用召の者に向かって眼で会釈《えしゃく》する。そうすると御用召の者は両手を膝《ひざ》の前へ合わせ、屈《かが》んで御入側に入り、ここに掲げた△の処へ出て、摺膝《すりひざ》で進んで両手をついて平伏する。すると月番老中が
「甲斐守――」
と披露する。将軍は

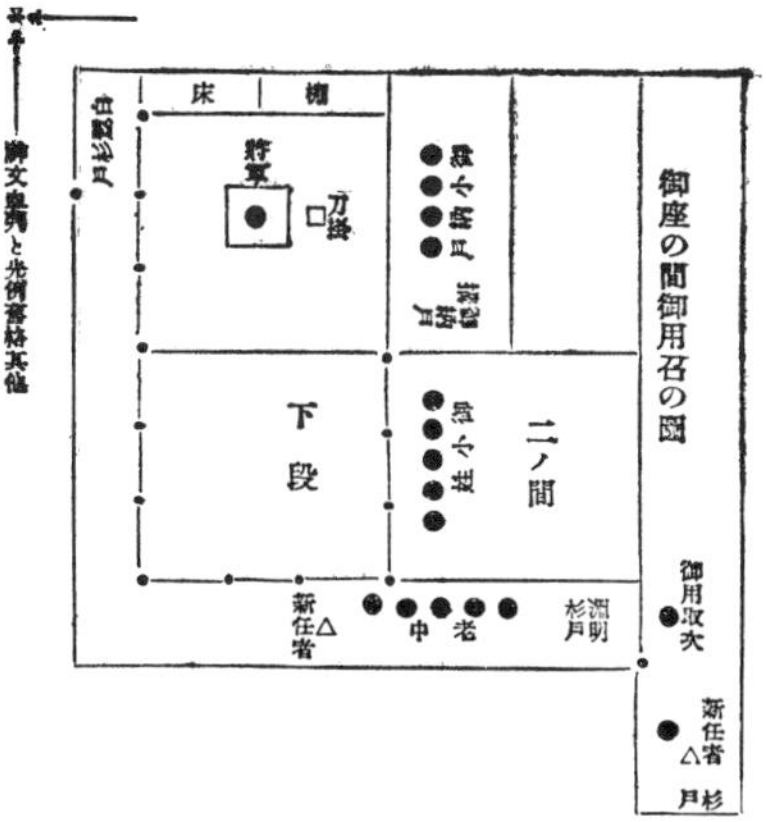

「それへ――」
というが、この時御用召の者は少し身を動かすばかりで進まないのが礼儀とされる。これは恐縮して動けないという様を動作で示すわけである。
すると将軍が
「駿河跡町奉行申付る――」
というのである。当人は黙って平伏しているのが礼儀で、月番老中が代わって
「結構仰付《おおせつけ》られ有難《ありがと》う存《ぞん》じ奉《たてまつ》ります――」
とお受けする。将軍が

「言い談《だん》じてよう勤《つと》めい――」

というと、老中はまた代弁して

「畏《かしこま》りました――」

と答え、この二言ずつで終りになる。こうして虎《とら》の威を借《いか》りる者の、威借りの儀式は終るのであるが、奉行の如何《いかん》によっては、庶民《しょみん》の迷惑は甚《はなは》だしいといわなければならなかった。

御休息の間

五代綱吉の時から将軍の昼の座敷は休息の間であったが、十一代家斉《いえなり》の時からさらに休息の間の奥へ小座敷を新しく造り、多くは小座敷にいるようになった。それからさらに奥に鷹の間を造り、ここへまた引き籠《こも》るようになった。小座敷には男は一人もいないのである。家斉という将軍の妾《めかけ》はわかっている人数だけでも四十人、妾の子は合計五十五人という数であったから、どう考えても色情狂《しきじょうきょう》としか思えない。奥へ奥へと引っ込む理由はここにあったといえる。

そこで休息の間以下をちょっと説明しておこう。御座の間から萩《はぎ》の廊下を突き当たった処が「御休息の間」である。この間は南向きで前に庭があり、築山《つきやま》があり、御茶屋があった。上段・下段共に各十八畳、二間の床《とこ》の間附きで、天井はことごとく張天井であった。寝所と定まった処はないが、緞子《どんす》・縮緬《ちりめん》などの夜具《やぐ》はあった。休息の間へは毎日御用御取次が来て御用伺《うかがい》をし、老中が面会を求めて来る事もあった。小座敷は休息の間の後ろに続く八畳の間であって、模様は休息の間と変りはない。この間は、これこれと定まったいわくのある座敷ではなく、疑問のある間であり、大奥と少なからぬ関連があったと思われる。小座敷から渡り廊下続きには楓《かえで》の間があった。ここは八畳二間で、作事方ではこの間を「菊の御台《みだい》」といっていた。この続きに双雀亭という茶室があった。この茶室は山里の庭から移したもので、四畳半一間水屋《みずや》附きであった。

楓の間の後ろには四畳半ばかりの小座敷があった。この小座敷を「御用の間」といい、将軍の重要な間となっていたが、地図にはない間である。この一間は、将軍の政務を扱う所といえる。一個の箪笥《たんす》があって、このうちには将軍自筆の書類、評定所《ひょうじょうしょ》の目安箱《めやすばこ》から出た老中失政を論じた書面も入っていたし、諸大名・諸寺社へ下げる判物《はんもつ》なども入っていた。将軍は必要の際に小《こ》姓《しょう》※⑮頭取《とうどり》だけ連れてこの間へ来るが、老中・若年寄などは一切《いっさい》立入禁止であった。

将軍が出す御墨付《おすみつき》の文面は奥右筆がしたためて小姓頭取へ出し、この室の箪笥へ納《おさ》め、将軍が自《みずか》ら花押《かおう》を据《す》えるのである。八代吉宗《よしむね》のころ迄は、将軍自ら筆をとって花押にかかったが、九代家重《いえしげ》ごろからは、木で花押を据え、将軍自ら墨を塗って捺《お》し、さらに小姓頭取がその上を濃い墨で塗るように変わった。

楓の間の北に、八畳敷二間の鷹の間があった。この次に十五畳敷の溜間があった。鷹の間は小座敷に対していたが、この間には六十坪ぐらいの庭があって、空一面に金網《かなあみ》が張ってあり、泉水《せんすい》が設けられ、水禽《すいきん》を多く放《はな》ってあった。

鷹の間からも、休息の間からも行ける処に浴室があり、これを御湯殿《おゆどの》といった。八畳の間で、楕円形《だえんけい》の差渡《さしわた》し五尺《しゃく》ぐらいの風呂を据えてあり、お上がり場というのも附けてあった。

便所は御座の間と休息の間からゆける処にあって、大便所・小便所共に各一坪ぐらいであった。下に引出しがあって、引出しを抜いて一度用をたすごとに掃除をさせた。また冬は火鉢を置き、夏は小姓に団扇《うちわ》で煽《あお》がせた。また夜中の用便には、小姓が金網をかけた行燈《あんどん》に火を燈《とも》して先に持ってゆく。したがってお尻が風邪をひく事や蚊《か》にさされる事もないし、距離を間違える事もなかった。

御側御用人と御用御取次

将軍と御側御用人・御用御取次との関係を、『旧事諮問録《しもん》※(16)』に記載された「旧外国奉行・御小姓頭格・御小姓頭取・御側御用取次の竹本要斎」の答えから次に抄録《しょうろく》しよう。この人は十四代家茂《いえもち》将軍（諡《おくりな》は昭徳院《しょうとくいん》）時代から、江戸開城まで勤めた人であって、答えの内に見える文恭院《ぶんきょういん》というのは十一代家斉《いえなり》であり、慎徳院《しんとくいん》とは十二代家慶《いえよし》、温恭院《おんきょういん》とは十三代家定《いえさだ》の事である。問答は雑然としているので、これを整理してみた。（文体は原文のまま、仮名遣いなどは読みやすいように直した。）

問い　**御側御用御取次**というのは、初めは二人ばかりであったそうですが、御務《つと》めの時分《じぶん》には何人ほどでございましたか。

答え　まず、手前どもの時分になりましては、両三名でございました。私が一時いたしました。ただ今の**御小姓組番頭格御用御取次見習**という者が一人添《そ》えてあり、これはいかなる内事でも本役同様取り次ぐ者であります。マア一時それで使って見て、いよいよ安心な人物と認めれば本役となるといったようなぐあいであります。

それに**御側御用人**という者がありますが、これが**御用御取次**と同役のようなもので、老中と若年寄の間に位して登城するのであります。登城の後は、談事部屋という御取次の部屋の上座へまいっていて、万端《ばんたん》の用事も上に立ってするのであります。私は**御小納戸**《こなんど》※(17)を申し付かって、**御小姓**と転じました。従来**突掛御小姓**は、御側の悴《せがれ》に限ったものであります。その他は突掛御小姓にはなれませぬ。手前《てまえ》などはその間が短かく、わずか廿《にじゅう》四日間御小納戸を勤めて御小姓になりました。その時分、堀大和守《やまとのかみ》が御側御用人でおりました。それから昭徳院殿（十四代家茂）になりまして、私が御用御取次になりました。当時信州《しんしゅう》（信濃《しなの》国の別称）諏訪郡《すわぐん》高島の城主が若年寄でおられまして、老中格となって、**奥掛り**といい付かりました。名義は老中格というのでありますが、従来の御側御用人というものと同じような者で、始終談事部屋と申す御用取次の事務を扱う処へ来ておられたのでございます。マアこの両人があっただけで、中間はしばらく絶えていたのであります。

問い　御用御取次は、将軍の言を、細大《さいだい》みな取り次ぐのでありますか。または老中方にじきじきにおっしゃる事もありますか。その辺の区別は。

答え　それは治平《ちへい》が打ち続いて、次第に変遷したものでありましょう。城中の図面なども御承知になっていましょうが、御座の間と唱える間がありました。以前は御用があれば、直《す》ぐに老中がそこへ出て御用を弁じたものとみえます。これは私どもの存ぜぬ前の事で。然《しか》るに追々《おいおい》老中も御前《ごぜん》へ出るのは、気が詰《つ》まってあまり好まぬ。また公方《くぼう》様（将軍家）の方でも、老中といえば、諸侯中の少し身分の高い者なので、そこらへヒョイヒョイ出て来られても大きに迷惑するという次第もある。それらから、一段引っ込めて御休息の間というものが出来て、そこへ公方様が逃げ込んだ形です。それで御用御取次をこしらえて用を取り次ぎしたのです。その始まりのうちは、まずありふれた事だけを扱わせ、重大の事になれば御座の間へ御出かけになり、そこへ老中も出かけてまいったものと考えます。

　けれどもそれも追々めんどうになってくる。そこからまた御小座敷というようなものが、その奥に出来たのであります。鷹の間というものが一つ出来て、そこへ入って寛《くつ》ろぐというような事です。また楓の間という間もあり、多くはこの間におられました。その奥には双雀亭というのがありました。座敷がだんだん引っ込んだ処になったので、取次役が何もかも取り次ぐ事になったに違いない。それゆえ、私共の勤めた節に至っては、即座の御問答を要する事でなければ、直《じ》きに老中が御目見《おめみえ》を願うという事はなくなってしまったのです。

　ですから随分《ずいぶん》秘密事を取り次ぐ事もありました。御用御取次になる時は、誓紙《せいし》というものがありました。小鞘小刀で薬指を刺して血判《けっぱん》をいたしたものです。これは陳腐のきわまりというもので、今日は、はなはだ信じられぬ話のようです。熊野《くまの》の牛王《ごおう》という紙があって「右の趣《おもむき》相背《あいそむ》くに於《お》ては梵天帝釈《ぼんてんたいしゃく》、四天王《してんのう》、総して日本六十余州大小神祇《じんぎ》殊《こと》に、伊豆箱根《いずはこね》両所権現《ごんげん》、八幡大菩薩《はちまんだいぼさつ》、三島《みしま》大明神云々《だいみょうじんうんぬん》」とあって、これに血をそそぐは、いささかも違背《いはい》は出来ぬという事になっています。その表に、いかなる事を取り次ごうとも、決して私意《しい》を交《まじ》える事は一切いたさぬという事があります。その一言で安心をして扱《あつか》わせるというのでありますから、未発《みはつ》の秘密の事でも取り扱う事になったのであります。これが御用取次の本体であります。

稲葉が堀田を斬殺《ざんさつ》した大事件や、側用人の権力乱用が、これに脱《ぬ》けているのは、答える者が知らなかったからでもあろう。次に御用取次と御側御用人の仕事である。将軍の毎月の起床から話をすすめているけれども、ここでは将軍の日常生活は省略する。

問い　御用御取次が将軍の御前へ出まして御用をするのは毎日でありますか。たいてい午前とか何とか刻限《こくげん》が決まっておったのでありますか。

答え　左様《さよう》、毎日でたいてい午后《ごご》、当今《とうこん》で申すと一時でありましょうかな。昼飯後間もなきくらいのもので、刻限が決まっていました。御小姓頭取が御使という事を負担していまして、御用御取次の方へ出ろという御使を務めるのです。それで誰始め出ましたという言上《ごんじょう》があって、その席へ出てお聞きになるのであります。

問い　それで事の多い時は始終《しじゅう》夜に入るというような事はありますか。

答え　治平でいました時も、年末にでもなると燈をとってしばらくすまぬくらいでした。事務繁雑《はんざつ》になっては、年末でなくとも、随分夜深《よふか》しになった事があります。

問い　御用のすみ次第、御退出《ごたいしゅつ》になるのでございますかな。

答え　左様。

問い　御側というのはどのくらい御側でありますか、御小姓が呼びに来るというと、あまり御側ではないようですね。

答え　それが前お話をした、だんだん遠ざかった一部分であります。楓の間などの出来た時分から、そうなったのであります。それまでは無断に出たものでありましょうが、順を追って出そうというまでは、談事部屋という処にいるという事になったのであります。

家定白痴《はくち》説

問い　その御側と御小姓との関係を少しうかがいたいのですが。

答え　そのかかり合いの事や何かは、公方様についてのお話をしてしまわなければ、何の話も出来ぬのです。公方様というものの位置がすわらぬと、務めの事がわかりかねます。――

昼飯は（将軍が）大奥で召し上がり、昼飯がすむと御用が始まる。御休息の間の御下段で始まります。本役が両三名に見習が一名くらいあって、それに各々《おのおの》老中・若年寄の三役、少し形が違ったが、革張りを黒く不器用に塗った**御用箱**というのがあり、その替箱《かけご》一杯ぐらい、三、四人で受け取る書面がありました。さっきもお話の処刑伺などを始めとして（本稿では処刑伺は次に掲げる）、もろもろの御用筋はなかなかに数がある。多くは不器用の半切巻《はんせつまき》でありますから、当今のような罫《けい》紙《し》を用ゆる事などはない。五尋《ひろ》も十尋もあるような、始末の悪いものがおびただしいので、それを三、四人で、読み立てるのです。ちょっと読み違いがあると、そこをモウ一ぺん読んで聞かせろという。少しのやり損ないでも直《す》ぐに気が附き、中にはそれはどういうわけだ、という質問もあり「伺の通りたるべく候」でない事がある時には月番の老中へ伝える。「ここのところが何だかわからぬ、伊勢に聞いて見ろ」とか、「周防《すおう》に聞いて見ろ」とかいうような事もありました。温恭公（十三代家定）は白痴だなどというような説もあるのですけれども、全く白痴では将軍職は勤まりませぬ。ただ迷惑に聞いておありなすったのみでもなかったのです。

長短は種々でありますが、ごく少ない時で二、三時間ぐらいはかかります。多ければ燈をとる事もある。それが毎日というわけでありますけれども、御成《おなり》の日にはもちろん休む。それから諸方へ御方付けになった御守殿と称《とな》える者とか、御住居と称える御姫様も、年に一度御年始お入りというものがある。あるいは上覧《じょうらん》事に吹上《ふきあげ》に御出になったりして、事実御用をお聞きなさる時間のない日がある。それで急がぬ事はその日休んでしまう。そのような日が続きでもすると、その翌日はたいへん長くなる。

それで御取次のしかたは、今日老中から受け取る物を皆表目だけ帳面に記し置き、これは翌日御覧にいれる。その他御用御取次というものは、奥内すべての総裁をやっています。奥御納戸のお入用の事から、御小姓・御小納戸の黜陟《ちっちょく》、その他身分上の事、大奥御錠口内の事、また吹上の事から浜御殿、今の延遼館の事、それには野馬の事、日光でできる御種人参というものが奥の持ちであります。吹上で野菜を作って売る、機《はた》を織って売る、錦魚を作って売る。もっとも売り払うばかりで、決してもうかる気づかいはないのです。後世にすべて知らしめるため、下情を知るために、多くは有徳院様《ゆうとくいんさま》（八代吉宗《よしむね》）がこしらえたものでした。

この掛り等をする御小納戸頭取というものが、奥向と称える御小姓御小納戸中の役人です。千五百石高で権力がありました。ことに奥の者元掛りという者は入用筋を支配している。それから鷹場《たかば》の掛り、御厩《うまや》掛り、御膳所の事を取り締まる御膳番元掛りという頭取等あるのですが、その総括は皆御用御取次の仕事でありますから、その事務がよほどたくさんあるのであります。

これが御用御取次限りで支配する事もあれば、公方様の伺を経《へ》てする事もある、書面のものもあれば、口上《こうじょう》の事もある。いずれ手控《てびか》えを置いては、皆それぞれ聞き込んで、老中から受け取ったものや、何かで、御用箱も一杯になるのです。今日の事を明日御前へ持ち出すと、急がぬ事は今日御覧済みになっても、老中へ下げる前後三日間あて留めておく。

役人向きの黜陟《ちっちょく》の事等は、そのような悠長《ゆうちょう》な事はしておられず、御仕置伺や何か、至急を要する事になりますと、即下《そくさが》りという名があって、即刻伺を経て下げます。これは老中が御取次を呼んで、「即下りを願います」といって渡すのです。そういたすと御小姓頭取を呼び、もし女中の方へ往《い》っておありなさろうが、そのような事は構わずに御目見し、それだけの事を伺って下げてやるので、それはまず役替えが多いのであります。

右に見える温恭院殿すなわち十三代将軍家定は白痴であったという説があるが、右に弁明している通り白痴ではない。しかし元来が病弱であって、安政四年（一八五七）にハリス※(18)が謁見《えつけん》した時も、身体があまり自由でなかったように、左へ首を振った事が、日記にも書いてある。首を振るのは癇《かん》症のためであった。家定は十二代家慶《いえよし》の子であるが、実子が出来ないほどに弱く、紀州藩から養子を迎えた。これが十四代将軍家茂である。家定は、いわば幕末のお家騒動の種をまいた胤《たね》なし将軍で、毒殺されそうにもなった薄命将軍であった。『旧事諮問録』にも、老中などがむずかしい事を持って出ると泣いた話が見えるが、おそらく事実であろう。

伺《うかがい》の通りたるべく候

次に町奉行・火附盗賊改《ひつけとうぞくあらため》・遠国奉行・勘定奉行・寺社奉行などから、公事方老中を経由して来る刑事裁判について抄録する。将軍自体としては、何処に社会の缺《けつ》（欠）陥《かん》があるか判断出来ないので、普通「伺の通り」として簡単に死刑などが行われた。

問い その時分に、将軍に意見(御用御取次・御側御用人は、こう思うというところの意見)があると、附箋《つけふだ》をいたすような話しがありますな。将軍の御前へ持ち出すのは大事件に限るものか、また筋によっては小事件でも持ち出すのでありますか。

答え 事の大小を問わず、未発が御用御取次の手に掛かり、すでに事果て公《おおやけ》になって、誰が知っても善《よ》い事は、平御側と唱《とな》える者が取り次ぎました。これは御小姓頭取へ渡して、御閑暇《かんか》な時を見計《みはから》って、下から持ち出す事もあり、また持って来いという事もあったりして、御小姓頭取が読んでお聞かせ申すというのであります。これも種々御用がありますから、今日一席にその種類を尽くしてお話をするわけにはゆきませんけれども、まず重立《おもだ》った所を取りつまんでお話をします。

今日司法部類の事、これが三奉行と遠国奉行・火附盗賊改、処々から処刑の伺が出るのです。実は手前共もかつて刑法は公にしておきたいという建言《けんげん》をしたのでありますが、ご案内の通り、すべてごく秘密にしたものであります。

まず東京(江戸)内の事であれば、「何町何兵衛借家誰、何処無宿《むしゅく》誰、それはこれこれの悪事を為《な》したもので、これだけの咎《とが》を申し付けて然るべき者と存じますが、如何《いかが》ありましょう」というような事が書面に綴《つづ》り上がって出てまいります。それは御用御取次の役で、御下知《げち》札という大奉書《ほうしょ》を——確か十六切でありましたか——それに「伺の通りたるべく候」と、仮名まじりで書いてあります。それを三折にいたして、月番の老中から御用御取次が受け取り、公方《くぼう》（将軍）様の御覧に入れて、尋常一遍、別に思召《おぼしめ》しもなければ、その札をさしはさんで、月番の老中へ渡します。老中がそれぞれ表の役人へ通じますが、こういうような事で、これらの如きは別に思召しがあって、これでは軽すぎようとか、重すぎようとかいうような事はあった覚《おぼ》えはありませぬ。

時偶《ときたま》適例にないものもありますが、大抵は適例ですんでいたものであります。ですからことごとく今申す「伺の通りたるべく候」であります。それから処刑日の伺というものが出ます。処刑がすむと、何時幾日に誰々をどういう処刑に行いましたという届けが出てまいる。これが平御側という者の手へ渡って、御小姓頭取が読んでお聞きに入れるという事になってこようというのであります。

問い　適例で調べるに、いずれ諸奉行から調べて出して、その上で、御右筆でも調べますか。大抵は奉行でしたか。

答え　御右筆の調べもありますが、大抵奉行に任《まか》せてあります。役の黄紙附箋《きがみつけふだ》などになると、むずかしいのであります。類例も十分ならざる者や何かで、変わったものが時たま出てまいると、今日のように第何章何条何項というような事がないから、誠に困ります。

問い　それは三奉行の総評議になるのですか。

答え　左様、三奉行総評議があるのです。

右の問答に「御用御取次や御側御用人が、自分の意見を述べることがあるのか」という質問があったが、答えにはこの例を挙げていない。この質問は、将軍の権力乱用に関する重要な鍵となる問題である。五代将軍綱吉《つなよし》は戌《いぬ》年生れだったが、「生類御憐《しょうるいおんあわれみ》の令」の元兇《げんきょう》であった御側御用人の柳沢《やなぎさわ》保明（吉保《よしやす》）も十二才下の戌年生れだった。生類御憐といっても、戌年を理由にした犬の愛護が主である。綱吉将軍に、柳沢が自分の意見として犬の愛護を進言した事はもちろん、江戸市街で犬を殺した者二人、傷をつけた者九人を町奉行所で捕《とら》え、二人は斬罪《ざんざい》、九人は新島《にいじま》へ遠島に処させたのは、黄紙附箋の意見によったものといえる。

江戸初期、市民は犬を打ち殺しては煮て食い、ことに赤犬はうまいというので一匹もいなくなったほどだった。今の牛肉・豚肉のようにして食っていたのであるから、お犬様殺しの判例のあるはずはなかったのである。ここでは将軍を動かす御側の例として、殺犬罪の方だけの例を挙げておき、柳沢らの権力乱用は後述する事にする。

とにかく何でも「伺の通り」で、死刑・遠島にし、裁判官次第で、どうでっちあげて判例に一致させるように工作したか証拠もないのであるから、冤罪《えんざい》で死刑になったのは何万人か知れたものではない。

目安箱《めやすばこ》の効用とお庭番《にわばん》の役割

次に述べる目安箱も同じ事である。目安箱とは、庶民の意見を投書させる制である。目安箱へ投書する者は智識人であって、真剣に政治の改革を望み、命がけの気持ちで投書したのである。中には、お庭番※(19)に調査を命ずる投書もあった。将軍が庶民の声を聞くという事で、表面はいかにも民主的であったが、前章の処刑の例に見るように、何でも「伺の通り」では、なんら役に立たなかった。

答え　私が見て美事として話すべきは、役の評定所の目安筐《はこ》（箱）の事です。これには何人を問わず書面が投げ込める。あるいは中間に合鍵があり、内見《ないけん》をして出すのでは——という説もありますが決してありませぬ。その事について、私は親しく扱った経験で保証ができる。評定所の前に出る目安筐の鍵は鈴の巾着《きんちゃく》へ入れ、公方様の御守の紐《ひも》へ、くくり付けてありました。定日《ていじつ》には御目付から月番老中へ出し、月番老中は御取次に渡す。その間、御用部屋坊主に持たしたり、奥坊主に持たせたりするようなわけです。御次の間までは御小納戸が持って来る。御前へ出す時は御取次が持つ……老人の御取次にとってはなかなか重いです。御前へ出す時は、御取次が人払いの処へ持ってゆく。そうすると、今申し上げた鍵を巾着から出してお開きなさるのです。内見のない証拠に、最も権力のある閣老《かくろう》（老中の別称）の事などを罵詈《ばり》した書面等も出ます。随分檄文《げきぶん》で出るのでありま す。

問い　維新《いしん》後もありましたが……めったに信用のできぬのは、怨《うら》みで投書する奴がありますからね。

答え　左様、めったに採用の出来る事はありませぬが、どうともいえぬ事が、たまさかにあるのであります。それでその信疑を正すのに御庭番を使いました。これには両御番格と小十人格とがあり、内御用のあるのは、そのうち両三名にすぎぬくらいであります。大勢あっても庭の番をするだけで、内御用をする者は人選で両三名に限っておったのです。奥向《おくむき》と大奥との界《さかい》に駕籠台というものがあり、そこへ御庭番を呼び出します。

問い　其《その》御庭番に仰附《おおせつけ》られる密事の探偵抔《など》は、御取次に御相談があるのですか。

答え　それはある時もあるし、ない時もある。目安筐から出たものの如きは、御取次も見る事でありますから、「この事は庭番に探偵をいい附けてみろ」といわれて御取次が御庭番に面会し、探偵を命じる事が多いのであります。

目安筐については随分困る事も出るのです。百姓が地頭の非を訴えるのが多うございます。「誠にどうも取立方がひどくて」などという事が多いのであります。そういうものは取り束《たば》ねて筐の上へ載《の》せ、御取次から老中へ渡すのであります。けれども中には下げられない事もある。

公方様が御判物《ごはんもつ》などをこしらえたり、後には朝廷へ御自筆でお上げになるお書きものをなすったりされた楓の間という御用の間がありました。常には御小姓の年ばえのものがそこを預って掃除をしたりしていますが、お書きものでもある時は一切人を避けて、そこでなすっていたのです。老中へ渡せない書物などは、ここの御用箪笥《たんす》におしまいなさるのですが、それが大きに参考になったりする事もあろうというのであります。御用箪笥は、墨塗の箪笥で、更紗《さらさ》の蓋《おい》かなにかがありました。

この目安箱へ投書した書面が、どこからか外へ洩《も》れている例があって、『江戸会誌』にも「上《こう》野《ずけ》国緑野郡小串村名主《なぬし》官蔵の御筥《はこ》訴」というのが挙げてある。これは主として地方制度の缺陥や関東取締役について、また日光東照宮建築、将軍を初めとした奢侈《しゃし》増長《ぞうちょう》等を批判している。しかしこの文によって幕府政治が改革された処は少しも見えていない。将軍の御用簞笥から洩れたか、それとも老中からなのかわからないが、このような例もある事を附言しておく。

御夜詰

次に将軍の寝る事項である。問答は表の方から見たもので、奥の方については別に述べる。

問い 御夜詰となると、今の御用御取次は退出ですか。

答え 御夜詰で退出という役はありませぬ。御用が夜分まで掛かると五ツ半時（五ツ時は今の午後八時、五ツ半時は同九時）の御夜詰が遅れます。今の御小姓と御小納戸の参会《さんかい》などを厳にし、すべて君側の者は秘事を他に洩らさぬようにというので、めったに話もさせませぬから、それぞれ暗号がありました。御引けになるという事は、「モー（最《も》う）」と称えました。

五ツ半を打ちますと、御次の間詰の御小納戸が奥坊主を呼んで、御小姓から請《う》けた「最う」の触《ふれ》を達《たっ》す。そうすると、坊主が部屋々々へ触れて来る。御次の間の、御小納戸が詰めている処より、もう一ツ外に竜の御杉戸というのがありますが、それより中へは御小姓より他は入る事が出来ぬのであります。

問い　温恭公（十三代家定《いえさだ》）は婦人の方などには、よほど淡白でいらしたそうですな。

答え　痼癖《かんぺき》が強いためという説もありましたが、然るや否かは確言し難《がた》いのです。とにかく一月の中、二、三度ぐらいは大奥に御寝《ぎょしん》になりました。天璋院《てんしょういん》殿（薩藩島津の重臣同姓安芸の娘であるが、藩主島津斉彬《なりあきら》が養女とし、さらに近衛忠熙《このえただひろ》の養女となり、二十二才で家定夫人となった者である。老中・阿部正弘《あべまさひろ》と斉彬との関係からであるが、良妻であった）は早くに後家《ごけ》となりましたが、ともかくも先刻《せんこく》申し上げた通りごく内気の質《たち》でしたから、懇親《なじみ》の薄い者には、男女共に遠慮がちでした。しかし天璋院殿は才子であったが故《ゆえ》、おなじみも深かったご様子でした。

問い　慎徳院様（十二代家慶《いえよし》）はいかがでしたか。

答え　近ごろまで存命でおられたのが、お光（美津）の方――後の本寿院殿で温恭公（家定）の御生母です。それから、文恭院様（十一代家斉《いえなり》）などはまず、たくさんの御子がいらっしゃいましたな。

御夜詰の話の続きですが――公方様は四ツ時（午後十時）には御寝になります。幼弱の公方様でありますと、「御前寝ず」と称えます御小姓でも年を取った者が二、三人附きます。御小納戸では、御小納戸頭取始め御膳番・奥の番や、肝煎《きもいり》というこれまた年を取ってしっかりした人物二、三人を、「御前寝ず」といいます。御小姓は御寝所《しんじょ》内に入っていて、御小納戸の方は御寝所の外にいるので、半夜交替になります。

御年を召してからは、両人ずつが寝ず番をいたします。この役を（あ）と称えますが、やはり若い者は除《のぞ》いて老功の者です。蒲団《ふとん》と掻巻《かいまき》（綿入れの夜着）一つぐらいをかつぎ込んで、御寝所の傍で熟睡せぬよう、ウトウトぐらいにやって、気をつけている。それから（さ）というのがあります。これは中間に寝ているのです。また（を）というのがありますが、これは朝の六時前に触れ出しをする役です。（あ）・（さ）・（を）、というのがそれぞれの役名であります。夜ごとに（あ）という役が二人、（さ）という役が一人、（を）が一人附きました。その他に上み寝といって御小姓二、三人が、竜の御杉戸内に寝ました。

問い それは御幾歳ぐらい迄の事ですか。

答え 二十歳ぐらいですな……それはしかと覚《おぼ》えがありませぬが、まずいずれ丁年《ちょうねん》というころ迄ですな。

問い 以後は大奥へおいでになるのですか。

答え そういうわけではありませぬ。大奥へ入られるのは御小納戸も知らぬ事です。ただ今申した竜の御杉戸の中から御休息の間の御床の上げ下しをするのは、御小納戸の御仕舞掛りでした。御夜詰前に御休息の上段に御寝所をこしらえておくのです。御寝着《ねまき》は鼠羽二重《はぶたえ》で附け紐がありました。緞《どん》子《す》の帯で、掻巻は花色縮緬《ちりめん》か、あるいは羽二重で、お召茶という裏が附いていました。綿三百匁《もんめ》入り・五百匁入り・七百匁入りもありますが、一番厚い夜具と薄い夜具が一枚ずつぐらいで、そんなには掛けませぬ。それから揚げ畳というのがあります。一畳より竪《たて》（縦）が大きいので、パンヤを中に入れてムクムクとしたそれを蒲団の下に布《し》（敷）きます。大奥へ御寝になる時でも常に変わらず、それだけの御寝具を調《ととの》えておくのです。

問い そうすると、中奥にちゃんと御寝が出来ているのですな。

答え 左様です。ちゃんと出来ています。そして大奥にも別に出来ています。公方様が大奥で御寝になる夜は、御小姓の（あ）も（さ）も喜んでいて、大奥の御錠口外で寝ます。（あ）の方は本来は寝る事が出来ぬ役ですから……安眠が出来るので大喜びです。

問い 貴君方は将軍の事を何とお呼びなさいますか。

答え 上です。

問い 将軍の面前で、上とか、御前とか、何とかいう事はありませぬか。

答え ありませぬな。

問い 御側衆は旗本の良い家柄の者がなったのですか。

答え 古くは一、二万石ぐらいの小大名などもありましたな。

問い 御側に出た者はどのような者が多かったのですか。

答え 御用取次は、御小姓を務めた事がある中から人才で挙げられた者が、最も良いというようになっていました。まず御小姓を勤めたという者が最初は多かったのです。

問い その見習に縁故のある子弟がすぐ出るという事はありませぬか。

答え 縁故のあるなしにかかわらぬのです。御小姓頭取からすぐに御用取次見習となる者もあります。御小納戸頭取からもなる。表役を遍歴してなる者もあります。

袖の下

問い　御側御用取次は、御老中から将軍への取次ぎをするのですから、権力があるのでしょう。他との折合いは如何《いかが》でしたか。

答え　別に折合いというほどの交際もないのですが……。御小姓・御小納戸という者に対しては、支配の如きものです。万端《ばんたん》御取次の指揮を受けねば何でも出来ぬというぐらいです。御小姓・御納戸はよほど御取次にやっかいを受けるのですから、御取次の評判の良いと悪いは最もありました。

問い　老中に嫌《きら》わるるという事はありませぬか。

答え　そんな事は、まずありませぬ。しかし奥の御小姓・御小納戸、その他の坊主に至るまでも、真から服している人と、服さぬ人とは、必ずありますから、老中もそれを見ています。けれども法則で束縛してあるのですから、服さぬといっても、表面は服さなければならぬのですが。

問い　御側御用御取次から万石以上になった人はありませぬか。

答え　近くは平岡丹波守《たんばのかみ》が一万石になりましたな。

問い　年限《ねんげん》でなれるのですか。

答え　年限ではありませぬ。勤労と……人才でありましたな。

問い　先刻御取次の人選というお話がありましたが、誰が人選するのですか。

答え　御取次は最も第一に公方様が選ぶのです。下から言上《ごんじょう》はありましたが、やはり公方様の人選で、その辺の協議に成立つ者です。

問い　御内方《うちかた》と称えるのは、どれほどを申すのですか。

答え　大奥の事です。

問い　あるいは将軍の御妾とか何とかいうのではありませぬか。

答え　大奥の事をいうのです。宮中の総名です。京都にもとあった言葉ですな。

問い　他から御取次に頼み、御取次が御前へ、何か内々で依頼するような事はありませぬか。

答え　御小姓・御小納戸を始め、奥に関係している者はさっき申し上げた通りですし、担任しておりますす表役人とても、老中・若年寄同様、御錠口外の小部屋で逢う事ができます。御取次はすべて公方様の下を概括しておりますから、その一方では全権があります。故《ゆえ》に賄賂なども、取ろうと思えば取れるのです。かの跡部甲斐守《かいのかみ》などはだいぶ賄賂を取ったという事ですが、私らは馬鹿律義《りちぎ》の方ですから、留守中にもらった、鼻を摘《つま》まねば見る事もできぬような肴《さかな》などを、夜中に使者を出して返してやったなどというような事もありました。

問い　表出御の時は、御用御取次は君側に御詰でしたか。

答え　御帳《みちょう》台《だい》というのがあり、その中に入っているのです。

以上、長々と将軍と側近の事務取扱いを紹介したのは、大名・旗本はもちろん、全国民にまで影響を及ぼす諸問題は、表の老中御用部屋と中奥の御座の間、将軍を動かす御側御用人・御用御取次で簡単に作られ、片付けられていたという事を知る必要があるからである。江戸時代風俗のもとをなした処といえようが、後述の大奥もその一部分であった。この問答で答えられた処は、きわめて平凡な事務的な事柄であって、質問に一致しない処もある。しかし、この事務的口述に、具体的な肩書・人名を加えると、『徳川実記』はもちろん、従来何万と出版になっている『江戸時代史』の実態をつかめる。ここでは極端に将軍の権力を乱用した御側の例を挙げておく。

出世第一号牧野《まきの》備後守《びんごのかみ》

五代将軍綱吉《つなよし》の最初の御側用人として、初めに出世したのは牧野備後守成貞《なりさだ》である。綱吉が館《たて》林侯《ばやしこう》といわれた時代からの家老であり、二千石から七万三千石の大名に成り上がった者である。出世の手づるは、黒鍬《くろくわ》※(20)の者、小谷権兵衛の娘お伝である。彼女を館林の奥へ御末《おすえ》※(21)奉公に出したところ、御湯殿《おゆどの》（湯浴みに奉仕する役）を勤め、やがて綱吉のお手つきという妾《めかけ》になったのである。

牧野はお伝の姉を養女とし、戸田淡路守氏成《とだあわじのかみうじなり》の妻としていた。お伝の実の姉ではないのだが、うまく作って戸田に嫁入りの名義で一万石の大名にしたらしい。実はお伝の妹婿白須才兵衛の娘であるというから、お伝と牧野の画策であろう。白須は牧野の属吏《ぞくり》になっていたという事である。

綱吉は牧野邸へ貞享五年（一六八八・九月、元禄《げんろく》に改元）から元禄《げんろく》二年（一六八九）までの間に数十回も行っているらしい。これは将軍になってからであるが、このお成《な》りには、有夫姦《ゆうふかん》という裏があった。牧野の妻は綱吉の母桂昌院《けいしょういん》の侍女《じじょ》であって、名は阿久里《おくり》といったが、牧野はこの阿久里夫人を綱吉へ献妻したのである。四谷杉大門の全勝寺に彼女が寄附した一切経蔵の碑文には、「牧野備後守源成貞の婦人某」として名は秘してあるが「股肱（ここう）の妻たり」とか「上君の寵顧を蒙（こうむ）ると雖《いえど》も」等、誠に珍妙な文章が遺されているのである。

派閥《はばつ》争い

綱吉時代の御側御用人は五・六人いたが、通じては前後で二十余人もいたという。これは将軍の感情で常に替えていたからである。御側御用人喜多見若狭守《きたみわかさのかみ》もその一人であった。江戸を姓氏としたところの江戸氏の末孫《まつそん》である。御書院番で二千五百石であった喜多見は、二万三千石迄に出世した。

綱吉時代、喜多見が御側御用人であった当時、大奥には小谷の方（お伝・五の丸ともいう）派と右衛門佐局《つぼね》派との二派があった。右衛門佐局はもと常磐井といい、京都の水無瀬中納言宗信の娘で、綱吉夫人鷹司関白《たかつかさかんぱく》房輔女の附人として来た上臈《じょうろう》であった。好色漢《こうしょくかん》綱吉のお手つきとなり、関東派ともいえる小谷の方に対向した京都派になったのである。小谷の方（お伝）の父は黒鍬の者といっても、半博奕《ばくち》打ちの無学な者であった。これに対する右衛門佐局は有学智的といえるが、共に知足院隆光という僧の信者であったところからすると、迷信家としては似たような者であった。将軍の御側はもちろん表も二派に分かれた。綱吉の母桂昌院は小谷の方派であった。御側御用人の喜多見若狭守は小谷の方派のお先棒《さきぼう》であった。

お犬様殺害事件

そのころ犬の保護令には、「犬ども往来の者に吠附《ほえつ》けても、決して無慈悲な事をしてはならない」としてあった。ある時、桐の間番の永井主殿《とのも》が下城の道で、数疋《ひき》の犬に吠えかかられた。追い払っても驚くどころか、近所近辺からますます犬が集まり、てんでに取り巻いて吠え立てる。進退きわまった永井は、今はわが身も危いというので、下人に命じて一、二疋を切って捨てさせた。このため犬も怖《おそ》れて四方に散じたので、永井は犬難をのがれた。しかし、なにぶんにもお犬様を切ったのであるから、さっそく桐の間番頭内藤主膳へ届け、自宅で慎《つつし》んでいた。

番頭内藤が御側御用人まで事の委細《いさい》を申し上げたところ、御用人らは「上様御生年のゆえで、子孫繁栄お祈りのために大切にするよう仰せ附けられた犬を、御身近く御奉公を申し上げる身として切り捨てるとは、上を恐れぬ言語に絶えた所業であるから、主殿をきっと慎ませておけ」といった。

右衛門佐局派の御側御用人南部遠江守《とおとうみのかみ》直政は、「御用人らの評議のままを言上すれば、主殿は切腹《せっぷく》仰せ附けられるであろう。御旗本一人を高《たか》が犬一疋や二疋に換《か》えられるのは口惜《くちお》しい」といった。喜多見はこれに反対して「天下の御掟は人間畜類に差別はない、もし此度《このたび》の事を御ゆるしになれば、このような事件が方々にできるであろう。そうすれば御制禁も立たなくなるから、きっと仰せ附けられた方がいい」といった。

そこで牧野備後守が仲裁《ちゅうさい》に入り、両所の申される処はいずれも道理であるから、両方の意見を私から言上するといい、犬公方《いぬくぼう》（将軍綱吉）に言上した。綱吉は喜多見の意見に賛成したが、日ごろ手近く奉公した者であるからと、死罪一等減じて八丈島へ遠島《えんとう》に処するという事に決まった。この一件から右衛門佐局派の南部は公方の首尾《しゅび》が悪くなり、元禄二年（一六八九）に病気の由で辞職してしまった。右衛門佐局はこれを聞いてくやしがり、小谷の方のとりなしで取り立てられた喜多見を、折《おり》があったら失脚させようと怒り狂った。

ついでにいっておくが、忠臣蔵《ちゅうしんぐら》で世に知られる赤穂藩《あこうはん》の家老《かろう》・大石内蔵助《おおいしくらのすけ》は、犬を大切にし、赤穂城内二の丸に十間ぐらいの犬置場を造っておいたという、犬公方礼讃《らいさん》者であった。

喜多見若狭守の失脚

喜多見若狭守の弟に茂兵衛重治という者がいた。茂兵衛の養妹とした女を、御小姓浅岡縫殿頭《ぬいのかみ》直国は己《おのれ》の妻としたが、綱吉初期の天和《てんな》二年（一六八二）に追放された。そこで浅岡は妻と家財を茂兵衛へ預《あず》けた。茂兵衛は生来放蕩無頼《せいらいほうとうぶらい》で大酒飲みであったから、たちまち養妹は妾にし、預った家財は売り払っては酒に換えていた。浅岡は七年ほどたった元禄元年（一六八八）に追放御免《ごめん》つまり解除になって江戸へ立ち帰った。そこで預りものを何度も請求したが、茂兵衛は言《げん》を左右にして返そうとはしなかった。「妻は離縁になったはずだ」と茂兵衛があくまで白《しら》を切るので、浅岡は脇差《わきざし》で茂兵衛へ斬《き》りつけたが、茂兵衛は奥へ逃げた。これを追っかけてゆこうとした時、茂兵衛の家来《けらい》香取新兵衛が背後から一刀の下に浅岡を斬り倒してしまった。そして（浅岡を殺したというのでは罪を負うので）浅岡が切腹しようとしたのだなどとごまかし、浅岡の子忠七郎という十六才の少年をいいくるめて、小普請支配へ届けた。さっそく検使《けんし》が来たが、評定所出の寺社奉行坂本大内記や本多淡路守《あわじのかみ》は喜多見派（つまり小谷の方派）だったので、中立て通りにしようとした。

検使の申立てを変に思ったのは綱吉だったという説もあるが、これを暴露《ばくろ》しようとしたのは、実は御側御用人の柳沢《やなぎさわ》保明（後の吉保《よしやす》）であった。柳沢が老中へ再調査するように命じたので、茂兵衛らは評定所へ呼び出され、真相がはっきりしてしまった。そして茂兵衛は斬罪《ざんざい》、養妹は永押込《おしこめ》、香取は斬罪、忠七郎は重追放《じゅうついほう》、喜多見は伊勢桑名《いせくわな》の松平越中守《えっちゅうのかみ》へ預けられた。右衛門佐局派となった柳沢が喜多見を失脚させたのである。柳沢は大奥遊泳《ゆうえい》術の達人であって、両派をうまく操《あやつ》っていた。柳沢自身が世話になった事もある喜多見だが、もう失脚させてもいいと判断しての事であったと推定される。

柳沢吉保とお染《そめ》の方

五百石から一躍《いちやく》十五万石の大名にのし上がった御側用人柳沢美濃守《みののかみ》は、万治元年（一六五八）戊戌《つちのえいぬ》年十二月に出生、つまり戌年生れであった。彼の父は小十人組《こじゅうにんぐみ》※(22)で三百五十俵の年俸《ねんぽう》者であったが、館林藩綱吉附きとなってから五百石を与えられ、御小納戸役をしていた。

柳沢は九才の時から綱吉の側近として出仕し、御小姓になって部屋住料《へやずみ》百三十石を与えられていた。美童《びどう》であって、御寵愛《ちようあい》が深いところからの部屋住料であったというから、陰間《かげま》（男色）から出世が始まったわけである。延宝《えんぽう》三年（一六七五）十八才となり、家督相続《かとくそうぞく》して、曽雌《そし》甚左衛門の娘と結納《ゆいのう》し、翌四年婚姻《こんいん》の式を行ったといわれる。だが、これが実際の婚姻の年かどうか怪《あや》しい点があるのだ。

延宝八年（一六八〇）には四代家綱《いえつな》が歿《ぼつ》し、直《ただ》ちに綱吉が五代将軍になったが、館林藩邸に残して来た愛妾《あいしょう》を連れて江戸城へ来るわけにもゆかず、その愛妾をそのまま柳沢弥太郎（吉保）に与えたといわれる。これが前記曽雌の娘ではなかったろうかというのが真実らしい。

それかあらぬか、柳沢はその年からトントン拍子に出世し、貞享二年（一六八五）には従五位出羽守《でわのかみ》に任ぜられ、同四年（一六八七）には御休息の間詰になり、元禄元年（一六八八）には一ツ橋内に屋敷を与えられた上に一万石を加増《かぞう》され、前高と合して一万二千三十石となった。しかも、この時には喜多見若狭守・松平伊賀守《いがのかみ》が列座しての栄任であった。柳沢はこの時から御側御用人となった。

柳沢の伝記といえる『柳沢保山一代記』には、元禄四年（一六九一）に常磐橋《ときわばし》の内へ屋敷を賜《たまわ》ったとし、同年三月に柳沢保明（吉保）の亭へ将軍が御成《おなり》になったと特筆してある。続いて五月・九月・十月にも御成としてあり、柳沢家臣曽根権太夫に、御休息の間経営の事を勤めた功によって御紋の時服《じふく》を賜ったとしてある。この御休息の間というのは江戸城ではなく、柳沢邸に設《もう》けられた御休息の間だから曽根へ与えたのである。十二月にも御成があり、柳沢保明の居間へ入《にゅう》御《ぎょ》されたとしてある。この後にも柳沢邸への御成の記事が多く見えるが、なぜこうひんぱんに御成があったのか、次にその実態を明らかにしておこう。

柳沢の妻おさめは、実は正親町《おうぎまち》氏の染子《そめこ》で、染子の妹は町子といい『松蔭の日記』の著者である。正親町は藤原北家《ほっけ》の分れで、染子の父は権大納言《ごんだいなごん》実豊、その子公通《きんみち》は正親町祖道の祖である。三代家光《いえみつ》の三男は甲府綱重《つなしげ》、綱重の長男は綱豊で、後に綱吉の養子となり六代将軍家宣《いえのぶ》と改名した。この綱豊が近衛基熙《このえもとひろ》の娘熙《ひろ》子を妻としたのは延宝七年（一六七九）であるが、熙子に従って江戸へ来たのが、当時十三才の染子であった。熙子の兄は関白・摂政《せっしょう》・太政大臣《だじょうだいじん》になった家熙である。基熙の父尚嗣の妹は尋子で、徳川光圀《みつくに》の妻になっている。したがって染子は、綱吉の大奥で勢力争いをしている両派のどちらにも属さない者といえる。

綱豊夫人の侍女であった染子が、なぜ綱吉の妾になったか事情はわからない。染子を呼び呼せたのは、綱吉が将軍になってからである。それもお清《きよ》※(23)の条件附き中臈《ちゆうろう》であったろう。お清でありながら手を附けられ妊娠させられたため、周囲の事情も染子に不利であったと思われるが、柳沢に下賜《かし》してその妻とし、その子を柳沢の子としたわけである。柳沢の妻には、すでに曽雌の娘があり健在であったから、形式的には柳沢は重婚の罪を犯《おか》した事になる。といっても染子は柳沢の実際の妻ではなく、いわば柳沢にとっては主人筋であったため、江戸城へ行く時は、「行ってまいります」とお辞儀をしていったといわれた。

染子が綱吉の子である吉里《よしさと》（幼名《ようめい》安暉、後に安貞）を生んだのは貞享四年（一六八七）で、綱吉は四十一才、染子は二十一才、柳沢は三十才であった。町子の書いた『松蔭の日記』の貞享四年九月の処に

其月三日、太郎君生れ給《たも》う。染子という御腹なり。ちかく抱《だ》き奉《たてまつ》り見せ奉るに、いとうつくしう珍らかにて、おわすれば、ゆく末たのもしう嬉しと、御覧じいれるさま思いやるべし。御名を兵部君とつけ聞えさせ給うて――

とある太郎・兵部は、後の吉里の事である。

以上ここまで来ると、先に書いた御休息の間、つまり柳沢邸の保明の居間へ将軍が御成になったというのは、染子の居間の事であったのだとわかると思う。同じ日記の元禄三年（一六九〇）の処に

その年五月に次郎君生れ給う。太郎君と同じ御腹なり。

としてある。その後、男も女も生まれたが、皆夭折《ようせつ》して吉里だけが残った。

前の『柳沢保山一代記』に戻ろう。元禄五年（一六九二）にも何度も柳沢邸へ御成としてあり、「御休息の間において食禄《しょくろく》三万石を加え賜う」とし、いつの間に増えたのか、合計六万二千三十石としてある。この休息の間は江戸城か何処《どこ》だかわからない。六万石というのが実は太郎君の知《ち》行《ぎょう》である事はいうまでもない。

同七年（一六九四）には御休息の間で一万石を加え、武州《ぶしゅう》（武蔵《むさし》国の別称）川越《かわごえ》城主にしたとしてあり、常盤橋邸地続きの西江邸の上げ屋敷を与えたとしてあるのは、染子の新殿か吉里の新殿を造るためであったろう。この領地を与えた時は、将軍自ら領地の朱印状《しゅいんじょう》を与えたと特筆してある。

同年十二月、御座の間において侍従《じじゅう》に任《にん》ぜられ、嫡男《ちゃくなん》安暉（後に安貞）に二本道具（大名行列に立てる二本の槍《やり》）を仰せられたとし、八年（一六九五）四月には駒込《こまごめ》村に屋敷を拝領《はいりょう》したとしてある。これは染子のために建てた御殿、後にいう六義園《りくぎえん》の事で、加賀藩《かがはん》の上げ屋敷であった四万八千余坪《つぼ》である。同年、二男安通を上意《じょうい》によって横手と称するように命じたというが、これは柳沢の実子の方である。

元禄十四年（一七〇一）十一月には柳沢邸へ将軍御成とし、今日保明へ松平《まつだいら》の御称号と御諱《いみな》の字を賜い、松平美濃守《みののかみ》吉保と改めたとある。また安貞は松平伊勢守《いせのかみ》吉利と改め、翌日吉里に改めたとしてある。つまり徳川一族の松平姓になったわけである。同十五年には加禄《かろく》二万石とし、さらに吉里を侍従としたが、宝永《ほうえい》元年（一七〇四）には甲府《こうふ》へ所替《ところが》えして十五万余石とし、同二年（一七〇五）には加増《かぞう》の上、甲斐《かい》国山梨《やまなし》・巨摩・八代の三郡を領地とした。三郡を与えた朱印状に真忠としてある文言《もんごん》等は、林大学頭《はやしだいがくのかみ》と相談したものであると『柳沢家秘書実記』に記《しる》されてある。表高は十五万余石であるが、内高は二十万余石であった。

吉保は元禄十年（一六九七）から老中上座・大老格となっていたが、一代記にはその事は脱《ぬ》いてあり、宝永二年に甲斐国主となったようにしてある。同五年（一七〇八）には文昭院《ぶんしょういん》（六代将軍家宣《いえのぶ》）様御成とし、同六年（一七〇九）には西の丸御休息の間において、吉保は「願の通り隠居《いんきょ》を仰付られ、家督《かとく》は吉里え仰出され、安通・時睦へ一万石にて新田分地を願の通り仰付らる」としてある。安通・時睦は吉保の実子である。

家宣が六代将軍になる迄には、次のようないきさつがあった。綱吉には徳松という男子があったが、天和三年（一六八三）に早世《そうせい》し、小谷の方の女子お鶴だけが無事に成長した。だがお鶴も紀伊中納言綱教《きいちゅうなごんつなのり》の夫人としたから、将軍家の相続人はなかった。そこで水戸藩《みとはん》の光圀《みつくに》の養子綱条《つなえだ》を世子《せいし》にしようという策が、水戸老臣藤井紋太夫《もんだゆう》と柳沢の間で結ばれた。水戸光圀の兄は故《ゆえ》あって高松《たかまつ》藩主になっていたが、光圀はこれを兄弟の順をあやまった相続であったと考え、高松藩の綱条を水戸の養子に戻し、自分の子を高松藩二代藩主松平頼常《よりつね》とした。ところが藤井は、この綱条を将軍の世子にして自分自身は第二の柳沢になろうと考えていたのである。

それを知った光圀は藤井を手打ちにし、水戸からの養子問題は消滅した。また、柳沢の子になっている吉里を将軍世子にする事に対しては、三家はもちろん、他にも反対者が多かった。これらの事から、水戸と、名義上の柳沢の妻染子の線は絶《た》たれたわけである。

小谷の方は娘婿の紀伊中納言綱教を世子にしようとしたが果《は》たさずに病死してしまった。その空白の虚《きよ》を突《つ》いて、五代綱吉となってから排斥《はいせき》されていた四代将軍時代の大老酒井雅楽頭《うたのかみ》が引っ張り出され、これに古くから縁故《えんこ》のあった甲府綱豊が結び附いて世襲問題に名乗りを上げたのである。

綱豊は家光の三男甲府綱重の子で、幼名は虎松といった。延宝四年（一六七六）に元服《げんぷく》して従三位左近衛中将《さこんえのちゆうじよう》となり、同六年（一六七八）に甲府城主として二十五万石を襲封《しゆうほう》し、十万石を加増され、宝永元年（一七〇四）に綱吉の養嗣子《ようしし》になって家宣と改め、同六年（一七〇九）に六代将軍となった。綱豊が将軍になると共に柳沢吉保をしりぞけたのであるから、前記のように「願いの通り隠居を仰付られた」といういいわけにはなる。柳沢は甲州者だといっているが、甲府へ移されたのは、甲府宰相《さいしよう》の後嗣《こうし》者に吉里を持って来た意味が主であったといえる。晩年の綱吉は大奥へ入りびたりで、もっぱら柳沢が綱吉の代理をやっていた。綱吉は宝永六年一月十日に大奥で麻疹《ましん》（はしか）によって死んだが、これは同五年以来の病気で、六年の年賀は家宣が代理で受けている。

淫乱《いんらん》将軍六代家宣と間部越前守《まなべえちぜんのかみ》

次に登場するのは、一人の能役者《のうやくしゃ》の子から御側御用人となり、ついに五万石の大名に成り上がった間部越前守詮房《あきふさ》である。父姓は塩川であったが、故あって母姓の間鍋に改め、後に間部と称したという。いわば何処《どこ》の馬の骨かもわからない者であった。詮房は従四位侍従・越前守に、弟の詮之は隠岐守《おきのかみ》、同じく詮衡は淡路守《あわじのかみ》になり、父清貞の五子の詮言《あきゆき》を養子にして下総守《しもうさのかみ》に任官させ、越前鯖江《えちぜんさばえ》藩主の祖とならせ、その女子を多くの大名に縁組させている。

さてその主人の家宣であるが、養父綱吉も遠く及ばない色情天才であった。これは家代々の血統らしい。家宣の父甲府宰相綱重は、八才で甲府十万石の殿様になった。子供であった綱重には、乳母として松坂局というお附きがいた。この松坂局の召使におほらという女がいたが、綱重は十二才の時に、早くも十九才のおほらを妊娠させている。

このおほらの生んだ子が実は六代将軍家宣なのである。綱重は二条関白光平の娘と婚約していたので、十二才で下女をはらました事が聞えてはぐあいが悪いと、おほらを家来の新見備中守《びっちゅうのかみ》へ預けた。綱吉が染子を形式的に柳沢の妻にしていたのと同じやり口である。そして、そこへ綱重が通ってまたはらませた。

二度目におほらの腹から生れたのは、幼名熊之助、後に松平右近将監《うこんしょうげん》清武《きよたけ》といい、老中にまでなった人である。綱重は自分が生ませた虎松（家宣）と、熊之助（清武）の二人を連れ子にして、彼女を家来の越智与右衛門の嫁にやっている。越智は名義上だけおほらを妻とし、その実は綱重妾宅の番人となったわけである。おほらは産後の余病のため寛文《かんぶん》四年（一六六四）二十八才で死に、子供二人が残った。

綱重が甲府を領した当初はまだ子供であったから、二代秀忠《ひでただ》の長女天樹院《てんじゅいん》に預けられていた。天樹院とは豊臣秀頼《ひでより》の妻となった千姫《せんひめ》の事である。大坂落城の時、坂崎《さかざき》出羽守《でわのかみ》が救出したが、千姫は坂崎を嫌い、本多《ほんだ》忠刻《ただとき》の処へ嫁入していた。本多が病死した後は、麹町《こうじまち》にいて盛んに美男を引きずり込んだという、淫乱後家《ごけ》さんであった。

「吉田通れば二階から招く、しかも鹿《か》の子《こ》の振袖《ふりそで》で」

と、俗謡《ぞくよう》にまでうたわれたほどであった。そこで彼女をこのまま町屋敷に置いてはいけないという幕府の禁足《きんそく》の結果、竹橋《たけばし》内の北の丸に移転となった上、尼にさせられ、天樹院の院号をもらったというわけであった。綱重は、この淫乱後家さんに性教育されたのではないかと見てもいい過ぎではないほど淫蕩《いんとう》な少年時代を送っている。

その血を引く家宣の、江戸城大奥における内寵《ないちょう》の美人は百人以上だというが、バタ屋的に手を附けたから妾の名はわかっていない。この家宣がまだ甲府宰相といっていた時分に、桜田屋敷へ来ていた能役者西田喜兵衛の子が間部であった。間部が能役者の忰《せがれ》として桜田屋敷へ来たのは十二、三才のころで、児小姓として召使となったが、その実は家宣の男色御用を承《うけたま》わっていたのである。初めは間部左京の名であったのを宮内に改め、甲府家の用人（執事《しつじ》）にまで出世した。家宣が世子として江戸城西の丸へ来てからは、西の丸の廊下《ろうか》番頭という役になった。廊下番頭というのは、内外の事を預り、奥向きの妾の事まで司《つかさど》り、美人をさがしては好色将軍にすすめる役が実際であり、家宣は天地の間に信用できるのは間部だけと思っていたようだ。この間部の相棒に、新井《あらい》白石《はくせき》という潤色《じゅんしょく》学者がいた。

間部は、初めは百石から四百石、七百石とお尻で昇進し、西の丸へお供をした時には千五百石をあてがわれていた。またたく間に千五百石を加増され、越前守に任官し、従五位下諸大夫《しょだいぶ》となり、さらに一万石の大名となった。しかも「若年寄格側用人」という、側近として破格《はかく》の最高位に昇進、従四位下に叙《じょ》され、また一万石を二度加増され、家宣が将軍となった時は侍従に進み、二年たつと五万石の上野《こうずけ》国高城城主になるという、正に異常な昇進ぶりであった。

この間部は、大名になるとむろん家来をたくさん置くようになったが、年中大奥に寝泊りし、わが家へ帰る事はほとんどなく、あっても数日だけであった。また妻帯もしなかったから、先述したように養子をもらっている。女嫌いというわけではさらさらなく、家宣からの「誰でも好きな女を愛せよ」という特命によって、大奥の女を好き勝手に仮の妻にしていたわけである。太宰春台は彼を評して

「詮房、壮《そう》にして妻を娶《めと》らず、亦《また》妾を蓄《たくわ》えず、日夜王宮に在《あ》り。時に一たび洗浴を賜いて、而《しこう》して私邸に帰り、其家事を視《み》るのみ。王、後宮《こうきゅう》に命じて、女の可なる者をして枕席《ちんせき》を進めしむ」

といっている。

間部の相手は女中ばかりかというとそうでもなく、家宣の死後は、七代家継《いえつぐ》の生母・後家さんの月光院をもつまみ喰いしていた。七才の子供であった家継が

「間部は上様のようだ」

と評したというのは、まるで第二の父であるかのようだったという意味だといえよう。

赤い信女《しんにょ》月光院

家継が七代将軍になったのは、まだ五才になったばかりの時であった。そこで家宣の遺言《ゆいごん》として間部がこれを扶《たす》ける事になった。母の月光院は、初め左近局といったが、素性《すじょう》は町の按摩《あんま》勝田玄哲の娘であった。左近局は、もと浅野《あさの》内匠頭《たくみのかみ》奥方《おくがた》に奉公《ほうこう》し、お蘭といったが、浅野の切腹後に暇を取り、江戸城大奥の矢島局の養子矢島治太夫養女の名義で甲府殿に仕え、世子家継を生んだという女である。家継を生んだのは、江戸城山里の御殿であった。このため按摩玄哲老は二百人扶持を賜い、十七才であった弟の玄斎按摩は、お召出しになって勝田帯刀源典愛《のりちか》という立派な武士名になり、三千石を与えられて備後守《びんごのかみ》に任官した。左近局の姉は一向坊主へ嫁入していたが、その二人の子は勝田左京亮源著《もとあきら》・頼母元博《もとひろ》となり、新知各千石を賜った。

この左近局が月光院という「赤い信女」になったのは二十六才の時である。若後家として八代

吉宗《よしむね》迄、何かと色恋沙汰《いろこいざた》の問題を起したのも当然の事といえなくもない。この若後家と養父間部との悪戯《ふざけ》の結果が、継子《けいし》同然にされた家継の早世を導《みちび》いたともいえる。家継の将軍時代は、正徳《しょうとく》三年（一七一三）から享保《きょうほう》元年（一七一六）四月迄で、五月には紀州《きしゅう》（紀伊《きい》国の別称）から八代吉宗が養子に立った。ここで秀忠の血統は完全に絶えたのである。この家継時代に、次の「江戸城大奥」の項に後述する「絵島《えじま》（江島）・生島《いくしま》事件」が起った。

七代家継が早世したので、八代の将軍として誰を迎えるかが問題となった。家宣夫人である大《おお》御台所《みだいどころ》（熙子《ひろこ》）としては、家宣の実弟の松平右近将監清武を迎えたかったが、これに反対する月光院と間部は、紀州家の吉宗を推《お》した。老中の意見としては、家宣の弟だといっても秘密の事だから賛成しかねるという事で、結局は紀州に決まった。

八代将軍となった吉宗は紀州藩家臣巨勢八右衛門の娘お紋の子で、十二才の時から江戸赤坂の紀州藩屋敷にいたが、紀州藩主から本家（将軍家）相続と、トントン拍子で出世した。七代家継の養子になった八代吉宗にとって、家継の生母・月光院はお婆さんに当たるのであるが、お婆さんは三十才、孫の吉宗は逆に三つ年上の三十三才であった。

吉宗は八代将軍の座につくと一切を改革した。大奥一切の経費も、将軍の経費も半減した。しかしお婆さんである月光院の経費だけは削減しなかった。吉宗擁立《ようりつ》を主張した御礼だろうという説も蔭口もあったが、一方では月光院と吉宗がひそかに親密な交わりをしていたからだという説もあった。吉宗の愛妾《あいしょう》は、家宣のように百人とまではゆかなかったが、わかっているだけでも七人はいたから、お婆さん三十才、お孫さん三十三才という年から考えても、この祖母・孫密通説は必ずしも事実に反するとはいえない。吉宗はまた、お庭番というスパイを紀州から連れて来たほどの暗い一面のある男であった。

九代家重《いえしげ》と大岡忠光《おおおかただみつ》

吉宗の相続人・九代将軍になった家重は、吉宗がまだ紀州にいたころの妾おすまが生母である。おすまは紀州藩家臣大久保《おおくぼ》八郎五郎の娘で、家重の幼名は長福といった。八郎五郎は後に幕府の旗本になり、伊勢守《いせのかみ》に任官し、五千石の知行を取った。吉宗の他の妾おこんの子は、田安中納《たやすちゆうな》言宗武《ごんむねたけ》、もう一人の妾お梅の子は一橋《ひとつばし》宰相宗尹《むねただ》となり、これに家重の第二子徳川（清水）重好《しげよし》を加えて「御三卿」とし、これが御三家に代わった。

家重もまた、十三才で侍女に手を附けたという色情天才であって、侍女が多い西の丸へ移ってからは、むやみに手を附ける「ぼろっ買い」世子《せいし》として有名になったほどである。房事《ぼうじ》過度のため、十七才ごろには顔色青ざめて来た。妾のうち、京都から来た梅渓中納言通条の娘お幸の子が十代将軍家治《いえはる》となったが、この他にも妾の数知れず、月極《つきぎ》めの妾奉公人もいた。

女の方はとにかくとして、実は家重自身の言葉がはっきり通じないので皆困っていた。将軍の言葉がわかるのは側用人の大岡忠光（後の岩槻《いわつき》城主）だけなので、大岡が通訳して老中にまで伝えていたのである。そこで側用人の専横《せんおう》が起るわけだが、時の老中松平左近将監乗邑《のりさと》がしっかりしていて、側用人のいう事でも容易に応じなかった。この乗邑は和泉守《いずみのかみ》乗春《のりはる》の子で、もとからの参《み》（三）河《かわ》者であり、先述の清武とは別系であった。吉宗に起用され十五年間も老中を勤めたが、「家重は見込みなし」として廃嫡《はいちゃく》運動を計画し、失敗した。

松平乗邑が廃嫡に失敗して老中を免《めん》ぜられたのは延享《えんきょう》二年（一七四五）で、この年に家重は九代将軍となった。宝暦《ほうれき》十年（一七六〇）には、お幸の方の子家治が十代将軍となったが、この時より、吉宗が紀州から連れて来た家来田沼意次《たぬまおきつぐ》によって御側御用人政治が再現される事になった。家治の子はいずれも早世したので、十一代将軍は一橋家から養子に来た家斉《いえなり》となった。

賄賂全盛の田沼時代

吉宗は徳川宗家の習慣を破壊した者といえるが、田沼は破壊の線を外部にまで及ぼした者といえる。幕府の利益、つまりもうかる事なら何でもした。たとえば芸者の税金を取って売笑婦《ばいしょう》を認めるという極端な例もあるし、税金を取るために商売の株式組合を認めるという例もあった。酒・味噌・醤油に課税する事はむろん、日雇人《ひやとい》の組合を設《もう》けて、札銭《ふだせん》という税を取るという事もした。資本主義の成長を基盤としての自由主義的課税であった。

このような政策が、従来の御休息の間・御側御用人・御用取次から老中・若年寄の通路を利用して行われたから、当然のように賄賂もあったわけである。町人の贈賄《ぞうわい》が田沼時代、特に甚《はなは》だしくなったというのは、資本家の攻勢といえよう。御側が閨門《けいもん》でなく、賄賂を主としたといえる大変化であった。大奥への贈賄も甚だしくなっていた時代である。このまま進行すれば、自由主義時代を招来《しょうらい》するようになったかもしれないが、保守の松平越中守がこれを喰い止めてしまった。（「寛政の改革」と呼ばれてはいるが、）資本主義から見ると、松平越中守の政治は善政でない。この事は『享保時代と田沼時代』（辻善之助）に見えるから、次にその冒頭だけを掲げておこう。（仮名遣い等、部分的に修正した）

享保時代と申しますのは、申すまでもなく八代将軍吉宗時代でありまして、すなわち享保から元《げん》文《ぶん》・寛保《かんぽう》あたりまで、およそ三十年ばかりの間を称するのであります。それから田沼時代と申しますというと、次の九代将軍家重のころから十代将軍の家治に及びまして、宝暦から明和《めいわ》・安永《あんえい》・天明《てんめい》に至る、およそ四十年近くをいう。このころがご承知の通り田沼意次専権の時代でありましたので、田沼時代と称するのであります。世間一般に享保時代は非常に善政の時代といいまして、田沼時代はこれに反して悪政の時代であるという。享保時代は幕府の中興《ちゅうこう》時代であって、田沼時代は道義の廃《すた》れたる――よく「田沼の濁《にご》り」といいまして――幕府の衰《おとろ》え掛かった時であるという。何でも享保時代は善い、田沼時代は悪いという評判を下された。そういうふうに私も承知しておりましたのでありますが、それが果《は》たしてそう一概《いちがい》にいってしまうべきものかという事について、少し調べたのでありま す。この結果を報告するわけであります。

田沼時代について一般にいわれます事は、第一に田沼意次が非常に専権であったという事でありま す。意次はその親が和歌山で吉宗に仕えておりましたから、江戸へ附いて参りました。享保二十年（一七三五）に親の跡《あと》を継《つ》ぎ、だんだんと出世いたしまして、明和四年（一七六七）に御側御用人になりました。初めは六百石でありましたのが、二万石になって遠州《えんしゅう》（遠江国の別称）の相良《さがら》に城を築いて、それからしまいには五万七千石にまでなったのであります。そして非常にえらい権勢でありましたので、大変な悪みを受けておった。――楽翁《らくおう》公（松平定信《まつだいらさだのぶ》）が改革をした後に、有名な落首《らくしゅ》（戯歌《ざれうた》）が出た。

「白河の清き流れに住み兼《かね》て、元の濁りの田沼恋しき」

という落首でありますが、その濁りを恋しがられる田沼には、何か住み良い事があったのではなかろうかと思う。田沼は積極主義でありますから、幕府の利益になる事はどんなことでも行った。

この時代を風刺《ふうし》した自由主義的な落首としては次のようなものがあった。

近年多いものは　つぶれ武士　乞食《こじき》旗本　火事夜盗《やとう》　金貸座頭《かねかしざとう》　分散《ぶんさん》(自己破産)の家
近年なきもの　御上洛《じょうらく》　社参《しゃさん》(宮参り)　猪狩《ししがり》　敵討《かたきうち》　金を遣(つか)わずなったゝ役人
世に逢《あ》うは　道楽者《どうらくもの》に驕《おご》りもの　転《ころ》び芸者に山師運上《やましうんじょう》

※(1)**大奥**　江戸城本丸の一部で、将軍の寝所《しんじょ》、御台所《みだいどころ》や側室の居室、奥女中の詰所や住居などがある処。原則として将軍家以外の男性が大奥に入ることは禁止されていた。
※(2)**遠侍**　取次・警備に任じた当番の武士の詰所。武家の建築で、中門や玄関の近く等に設《もう》けられた。
※(3)**書院番**　江戸幕府旗本の軍事組織で、若年寄に属す。営中の警備や将軍のお供、儀式の事などを司《つかさど》った。もともと江戸城本丸の白書院紅葉の間に勤番《きんばん》した事からこう呼ばれる。
※(4)**表坊主**　江戸幕府の殿中で、大名や諸役人に給仕する剃髪《ていはつ》者の事。
※(5)**高家**　江戸幕府の儀式・典礼《てんれい》、朝廷《ちょうてい》への使節《しせつ》、伊勢神宮《いせじんぐう》・日光東照宮《にっこうとうしょうぐう》への代参《だいさん》、勅使《ちょくし》の接待、朝廷との間の諸礼を司った家の職名。室町時代以来の名家・二十六家が世襲《せしゅう》した。
※(6)**作事奉行**　江戸幕府関係の建物の造営や修繕などを統轄する者。
※(7)**普請奉行**　石垣や上水などの土木関係を管掌する者。
※(8)**小普請奉行**　江戸城本丸・大奥・紅葉山霊廟《もみじやまれいびょう》・寛永寺《かんえいじ》・増上寺《ぞうじょうじ》・浜御殿《はまごてん》その他役屋敷《やくやしき》の普請や修繕を司った者。
※(9)**帝鑑の間**　十万石《ごく》以上の譜代大名《ふだいだいみょう》および交代寄合《こうたいよりあい》が詰めた処。襖《ふすま》に唐朝《とうちょう》の帝王が描かれている。
※(10)**溜の間**　譜代大名等の詰所。松の間の次位となる処。
※(11)**菊の間**　三万石以下の譜代大名・大番頭《おおばんがしら》・書院番頭・小姓組《こしょうぐみ》番頭等の詰所。襖に「籬《まがき》に菊」の絵が描かれている。
※(12)**雁の間**　高家衆および譜代大名城主らの詰所。襖に「刈田に雁」の絵が描かれている。
※(13)**山吹の間**　中奥小姓・中奥番の詰所。
※(14)**中の間**　小普請組支配・御広敷《おひろしき》留守居番の詰所。
※(15)**小姓**　将軍の側近く仕《つか》え、さまざまな用務を勤めた武士。
※(16)**『旧事諮問録』**　明治二十四年から史学会で毎月行われた諮問会の会議録。旧幕府役人を招聘《しょうへい》して質問を行った。

※(17)**小納戸**　江戸幕府の職名で若年寄に属する。将軍の側近く仕え、理髪や膳番、庭方等の細かい用務を司った者。

※(18)**ハリス**　アメリカの外交官。最初の駐日総領事で、後に公使となった。幕府との間に日米修好通商条約を締結《ていけつ》した。

※(19)**お庭番**　江戸時代の職名の一つで、若年寄の支配。江戸城奥庭の番人であるが、将軍専属の隠密《おんみつ》の役も勤めた。御目見《おめみえ》以下の者でも、竹箒《たけぼうき》を手に将軍の前へ出て直接命を受け、諸大名の動静などを探《さぐ》って報告した。

※(20)**黒鍬**　普段は草履取りや荷物の運搬を担当し、いろいろな御触れや御達しが出た時は四方に奔走する下級士卒。

※(21)**御末**　将軍家や大名家などの奥向きで、水仕事や雑役に従う女の事。

※(22)**小十人組**　江戸幕府旗本の軍事組織で若年寄に属する。将軍を護衛し、将軍出行の時に供奉《ぐぶ》する役。

※(23)**お清**　将軍の御手の附かない、処女の身のままの女性。

江戸城大奥《おおおく》

大奥の主裁者《しゅさい》御台所《みだいどころ》

表向《おもてむき》の権力者が将軍《しょうぐん》ならば、大奥の主裁者は御台所であった。将軍宣下《せんげ》以後の妻を御台所、先代将軍の妻は大御台所《おおみだいどころ》といい、将軍宣下前の妻は御簾中《ごれんじゅう》といった。家康《いえやす》・秀忠《ひでただ》の本妻《ほんさい》は御前様《ごぜん》、家光《いえみつ》の妻は二《に》の丸《まる》様と呼ばれた。四代将軍家綱《いえつな》の妻に、初めて御台所の尊称が附けられ、室町《むろまち》将軍並になったといえる。京都の公家《くげ》の影響を強く受けての事であった。この御台所は江戸時代を通じて政治的実力はなく、虚威《きょい》・虚礼《きょれい》的な存在であって、神のように敬《けい》して遠ざける崇敬《すうけい》上様であった。もっとも古代から、御内儀《おかみさま》はお上《かみ》様・お神様であって、空位の伝統はあった。

上臈《じょうろう》・御年寄《としより》

家光以来、御台所には京都の公家娘を迎えた。この御台所に附《つ》き添《そ》っている最高女官《にょうかん》を上臈《じょうろう》といい、三人いた。いずれも公家の娘であって、その名を姉小路《あねがこうじ》・飛鳥井《あすかい》・万里小路《までのこうじ》などといった。この名は、これら公家娘――尊称すれば堂上《とうしょう》家の姫君であるが――の生家《せいか》が姉小路だというのではなく、いわば四代将軍以来の役名であった。これ以前には上臈・中臈《ちゅうろう》などの名はなかったのである。京都の女官は典侍《てんじ》・内侍《ないし》・掌侍《しょうじ》などであったが、この女官の役名を江戸には移していない。上臈・中臈・年寄などは、五代将軍ごろから表向きの役名に対して附けたものである。上臈は御台所と同様に権力がないが、今でいう勅任官《ちょくにんかん》程度の者ではあった。

上臈には権力がなかったが、その下にいる御年寄となると権力があって、馬鹿に威張っていた。それは大奥の実権を握っていたからであり、老中と同格の資格を与えられていたからである。無能なくせに老中を「伊勢さん」などと呼び、少し頭を下げる程度であったし、老中の方でも「歌橋どの」などと呼ぶのである。

このような御年寄は七人いて、御台所の世話から一身上《いっしんじょう》のめんどうまで見るのである。御年寄は詰所《つめしょ》にすわり、年中煙草盆《タバコぼん》を前に置き、煙草をすぱすぱ吸《す》っていて、御用の他は身を動かす事がなかった。諸向をすわって指図《さしず》するだけであったが、配膳《はいぜん》を司《つかさど》り、文通《ぶんつう》も司り、紅葉山《もみじやま》・

芝《しば》・上野《うえの》等への代参《だいさん》もする。家庭における、強慾《ごうよく》で口やかましい姑《しゅうとめ》と同じであったが、自派の中臈を将軍のお手附《てつき》にして世子《せいし》を生ませ、ますます威《い》を張《は》ろうとする処などは違うといえよう。

御年寄の出身は旗本《はたもと》の娘という事になっているので、京都から来た上臈とは対立した立場にあった。経歴としては、多くは将軍の乳母・幼年から奉仕した者などであって、将軍の気質《きしつ》や嗜《し》好《こう》まで良く知っている者であった。したがって将軍を怒らせないようにするには、御年寄の意を迎えておく必要があった。この点が最も御側御用《おそばごよう》・御用取次《とりつぎ》の苦心する処であった。また将軍の生母《せいぼ》や前代の中臈で、二の丸に住居して何々院と称している者を極秘に師匠番として頼《たの》み、将軍の気質や嗜好、奥向《おくむき》の風習を知っておく事が、御年寄には必要な事であった。こうしておけば、将軍の上意《じょうい》の出方《でかた》が、御年寄・御側の思う方に出るわけであって、場合によれば幕府の方向を左右する事もあるのだから、油断出来ない姑であった。上臈も二の丸殿を極秘に頼む事もあった。

大奥の役名

前章に御台所附の上位の二役を述《の》べたが、以下の役名は次の通りである。御台所に拝謁《はいえつ》できる資格のある女——御目見《おめみえ》——以上と以下とがある。

上臈　三人

御年寄	七人
中年寄《ちゅうどしより》	二人
御客会釈《おきゃくあしらい》	五人
御中臈	八人
御坊主《おぼうず》	四人
御小姓《おこしょう》	二人
御錠口詰《おじょうぐちづめ》	二人
表使《おもてづかい》	七人
御次《おつぎ》頭	二人
御次	七人
御右《おゆう》（祐）筆《ひっ》頭	一人
御右筆	五人
御錠口衆	七人
御錠口助	二人
御切手《おきって》	四人
呉服《ごふく》の間《ま》頭	一人
呉服の間	十人

御三《おさん》の間《ま》頭　一人
御広《おひろ》座《ざ》敷《しき》詰　十人

以上が「御目見以上」の役である。次は「御目見以下」である。

御末《おすえ》頭　二人
御仲《おなか》居《い》　六人
御使《おつかい》番《ばん》　十三人
御末（一名お半下《はした》）　五十人
御犬《おいぬ》子《こ》供《ども》　百二十人

中年寄は御年寄の指図に従い、御年寄の病気などの時は代理をする。御客会釈は、将軍が大奥へ来た時に接待をし、客向の待遇《もてなし》をする者で、御中臈の古参《こさん》が多く当たった。これらの役の内、最も問題になるのは御中臈であるから、次に述べよう。

御中臈

御中臈は常に御台所の側《そば》に仕《つか》えている者であるが、この役に限って将軍の妾《めかけ》となる事が出来た。御中臈に限らず、将軍附と御台所附とがあるが、御台所附の御中臈が将軍の眼に止まり、この者を妾にしたいと思った時は、将軍附の御年寄に申し含めるのである。御年寄はこの御中臈にまず内命を伝えておき、さらに改めて御台所附の御年寄にいうのである。御台所附の御年寄から御台所へ申上げて、御台所から改めて献上するという手続きをとってから、将軍附御中臈へ編入されるわけである。大奥へ奉公に上がる際に誓紙《せいし》が入っているから、自由に侍妾《じしょう》（側室《そくしつ》）には出来ないのであった。

将軍に望まれた中臈でも断わる事は出来た。御台所附中臈になった者は、将軍の御手附をねらってなった者ばかりでなく、生活上なった者もあり、将軍のぼろっ買いは嫌だという事で断わる者もまれにはあったのだ。御年寄が一応説諭《せつゆ》するのであるが、それでも応じない時、御年寄は、その女の父の扶持《ふち》まで取り上げると恐喝《きょうかつ》して応じさせる。ところが恐喝されても応じない者もあったそうである。

お清《きよ》

さて将軍がこうしてもらっても、皆手附として愛するわけではなかった。その時々の気分でいうからである。また御手附には定年制があって、三十才になると、御褥（おしとね）御断りといい、妾を引退するのであるが、これは御台所も同じであったらしい。将軍の方には、性の定年制はなく、山羊《やぎ》の雄《おす》のようであった。

さて御台所附の中臈になる者は、顔に自信のない醜婦《しゅうふ》が多く、将軍の選に洩れるのは承知の上であったといえる。むしろ御台所の威《い》を笠《かさ》に着て、わがもの顔にふるまいたい方であったのが多かったようだ。醜婦だから御台所附でいいなどとはいわず、自讃《じさん》して「お清」といった。自身は節操清白《せっそうせいはく》で君に仕《つか》える者、将軍附は婦道を汚《よご》した邪道の者であるとして「汚れた方」などといった。これが焼餅《やきもち》からの罵倒《ばとう》でなければ、婦人労働として理はある。

「お清」は京都の公家方言で、「上」の意味があった。着物を縫《ぬ》うのでも、主人の物を縫うには清《きよ》の針、自分の物を縫うには次《つぎ》の針というような、ヒステリー的な階級方言で、古代からあった言葉である。したがって公家娘が毒舌《どくぜつ》をふるったのが初めといえる。

千代田城大奥之圖

南
北
上之間
次
茶之間
竹之間
三之間
御二之間
御三之間
出仕廊下
御納戸
表使詰所
使ザシキ
御末
御半下部屋
長局
廊下
女中供部屋
番頭
仕丁
下男

長《なが》局《つぼね》

そこで大奥女中の部屋、すなわち長局のうち、ここでは中臈の方だけを述べる事にしよう。大奥の東北隅に長屋が四棟あって、一の側から四の側まであり、一棟を分かって十数部屋とし、一部屋に一人から数人の女中が住み、入口には名札が張ってある。一の側は最南の長屋であって十五に分けてあり、御年寄・上臈・御中臈・中年寄・御客会釈・御小姓など重い役の女中が各一人ずつ住む。

各部屋とも同じ造り方で、一部屋の間口《まぐち》三間《けん》、奥行《おくゆき》七間の二階造りであった。この一部屋を六間に仕切り、南椽に接する処を入側とし幅一間である。次は八畳であって、西に床がある。次に六畳の間があり、女中の楽居《らくい》する室である。次に二畳敷の入側があり、また八畳の室があり、楷梯《はしご》があって二階に上がる。

部屋の北に一間があり、台所および玄関である。東側に湯殿《ゆどの》(浴室)・便所があり、西側に薪《しん》炭《たん》置場などがある。この長局の北に庭があるが、この庭の先は二の側となる。将軍附の中臈になると、この一部屋を居間とするのではなく、御年寄と合部屋になった。御年寄と中臈の合部屋に限って東西に中庭があり、ここに湯殿があって、廊下外の湯殿で浴する事はなかった。一切御年寄の監督下にあって、万一の間違いのないようにとの用意であった。ここには、東西に庭のある合部屋の図は見えていない。ただし将軍は、この部屋へ来るわけではなかった。

御鈴番

将軍が大奥へ来て泊《とま》る時は、前もって知らせがある。御鈴番の知らせで、将軍は御鈴廊下《おすずろうか》から入って御小座敷へ来る。前もって誰と寝るかを知らせてあり、御台所の時は、そのお附の御年寄・お清の中臈が従って来る。正月二日に将軍が御台所の処へ来て寝る事を「姫初《ひめはじ》め」といい、枕の下へは鴛鴦《おしどり》一番《ひとつがい》を画《えが》いた鳥《とり》の子紙《こがみ》を敷くのだそうである。もちろん御台所の方へはあまり来ないのであるが——。

お添寝《そいね》

中臈と寝る場合は、誰と指名してあるから、将軍附の御年寄と中臈がお伽《とぎ》に御小座敷へ来て将軍を待っている。この夜の中臈の衣裳は総白無垢《しろむく》の着物で、髪は櫛巻《くしまき》として、簪《かんざし》はささない。夜具《やぐ》と平生《へいぜい》の衣裳は御三の間に持たせてゆく。

寝る時の中臈は二人で、うちの一人はお清で添寝という役をする。御用の方の中臈の附添のようではあるが、不可解な役である。長局から御小座敷にゆくには、御用の者は一間ほど先に立ち、添寝の者は一間ほどおくれて廊下をゆくのであるが、これは今宵の御用は誰、添寝は誰と一目で知れるためである。

御小座敷では、お伽のため出張した御年寄が、中臈の髪を解《と》いて検査する。俗《ぞく》にいう寝首《ねくび》をかく凶器の有無《うむ》を調《しら》べるのである。検査が済《す》むと御年寄は次の間へ下がり、お三の間女中に元の通りの櫛巻に直させて御成を待つのである。

将軍は夜具の中央に寝、御用の中臈は右に寝る。お添寝の方の中臈は、将軍の左に少し離れて蒲団を敷き、将軍の方へは背を向けて寝るのである。どうしてこのように添寝の中臈を必要とするかというと、将軍の寵愛中臈に対する態度は、砂糖をサッカリンで漬《つ》けたほどに甘《あま》いのであるから、御用の中臈が寝物語《ねものがたり》に何を将軍に持ち出すかわからない。傾城《けいせい》というと女郎《じょろう》の事をいうが、本当の意味での傾城は、江戸城を傾《かたむ》けるような事まで頼《たの》むお手附の寵愛中臈である。そのためこのような蜜言を細大洩《さいだいもら》さず聞いて、御年寄にいいつけるのが添寝の役目であった。つまり添寝の中臈はスパイであったわけであるが、このような珍スパイは大奥の小座敷の他にはないといわねばならない。

御中臈は、子を生めば御部屋様となり、第二の御台所として権威を握《にぎ》るようになるわけである。

江戸時代、大奥の事は、女中になる時の誓詞《せいし》に
「奥方の作法《さほう》、他人は申すに及ばず、親類・縁者、よしみの者たりといえども、一切他言《たごん》すべからず」

と項目が入っているので洩《も》れないのであるが、明治になってからは緘口《かんこう》（箝口）令《れい》を守らなくてもいいようになり、右のような秘事までわかったわけである。明治《めいじ》の皇城《こうじょう》については、今でもわからない事が多いが、間接に洩れた話は聞いている。

夜の御成《おなり》

ここで将軍と大奥・御台所・中臈などの話を、『旧事諮問録』の旧幕中臈箕浦《みのうら》はな子、同御次佐々鎮《しず》子の問答から引用して見る。（以下文体は原文のまま、仮名遣いなどは読みやすいように修正した。）

問い　将軍はどこまで往《い》けて、どこまでは往けぬというような事がありましたか。

答え　御表《おもて》からいらっしゃると、御錠口《おじょうぐち》限りで、此方《このかた》は女の掛り、向こうへいらっしゃれば男の掛りでございます。奥へいらしって御小座敷にお入り遊ばすのでございます。御小座敷にいらしって、そこでお菓子でも召し上がるし、また御奥御膳もそこで召し上がります。御台様は御台様で、時がきまって彼方からいらしって、そこでお遇《あ》いになるのでございます。

問い　そうして夜の御成は。

答え　夜は五ツ（午後八時）でございます。これもまたおくつろぎ（着流《きなが》し）でございます。これも直《じ》きに御表へ入らせるのでございます。

問い 奥で御寝《ぎょしん》はございませぬか。

答え 御用のある時は宵《よい》にお沙汰《さた》がございます。奥では、今の御小座敷の御座所《ざしょ》に御寝になるのでございます。

問い 誰がお沙汰を伝えますか。

答え 伝える者は御錠口番の女でございます。

問い その女は奥の人でございますな。

答え 左様でございます。

問い 表から御錠口へ伝える人は。

答え 御表の人は誰が伝えるか知りませぬ。いずれ御側近い者からお沙汰がありましょう。

問い 御泊りの時は。

答え 御泊りの時は御台様へお沙汰があって、それから奥で御寝になりますと、お間《ま》取《ど》り、また関《はめ》徹《はずし》などが違いますから、それぞれ仕度《したく》を致すのでございます。御台様の方からお供《とも》を三人お連れ遊ばして、御小座敷へ入られるのです。控《ひか》えの間が幾間もありますから、お供をして参ってそこへ泊まり、御台様が上と御寝になれば、御下段なり、お次の間なりで、御供三人御番を致すのでございます。それからお明《あき》の御中臈は、やはり宵の中に、今夜は御奥泊りがあるというので、いろいろ仕度を致しまして部屋から出て来て、直《す》ぐに御小座敷へ参りまして、御寝所《しんじょ》へ入るのでございます。

お手当《てあて》と待遇《たいぐう》

問い お明の御中臈と申すのは。

答え 御中臈の中で何も御用のない、御手の附かないのは、清《きよ》い御中臈と申すのです。そして御手の附いたのは汚い方に落ちるのでございます。

問い 御中臈は総《すべ》てで幾人ですか。

答え 八人でございます。そのうち三人でも四人でも……温恭院様《おんきょういん》(十三代家定《いえさだ》)は誠に少のうございましたが。

問い 清いのも、汚いのも入って八人ですか。

答え 左様《さよう》でございます。その上の御客会釈役《おきゃくあしらい》というのが、中臈の老練家《こうろうはいたもの》でございます。公方様《くぼうさま》の御側にいるのですが、それが御中臈の頭でございます。それは八人の他でございます。それが二人、それから御錠口番が二人、助が二人、御坊主《おぼうず》が三人でございます。

問い 御手の附いた御中臈とお部屋様とは違いますか。

答え お部屋様は、お世嗣《よつぎ》でもお持ちなさらんければ、そうはゆきません。

問い 御手の附いた中臈でも、上臈には頭を押《おさ》えられますか。

答え それは中臈頭が取締《とりしま》りを致しますから、いくら御手が附いても、そうはゆきませぬ。それから御年寄は恰《まる》で御老中《ろうじゅう》のようなものでした。御本丸《ほんまる》の千鳥《ちどり》の間とか、西《にし》の丸《まる》の鷺《さぎ》の間というような処に、御年寄がいるのですが、煙草盆を押えて、ちっとも動きませぬ。そこへいろいろな事を申し込むと、いちいち裁判《さばき》をするのでございます。

問い 御年寄は幾人でございます。

答え 上臈年寄が二人、ただのが四人でございます。諸方からいろいろな事を申して参るのをそこで扱うし、また御表からも御錠口《おじょうぐち》という役が、お遇《あ》いを願いますとか、何とかいって来るのを、錠口で受け附けて、左近将監《さこんのしょうげん》お相手というと、その人を連れて出ていって、錠口で応対するのでございます。

問い その御年寄は御中臈から上がるのでありますか。

答え この役は一体の振り出しが、御三の間でございますが、これは以上（御目見以上の旗本）の娘でなければなりませぬ。その御三の間へ初め出て、そこで勤《つと》め上げて、呉服《ごふく》の間へゆくのもある、または御右筆《おゆうひつ》役にゆくのもあるし、御次《おつぎ》へ出るものもある。それからだんだん経《へ》上げて来て、つまり御年寄が京都の上がりとなるのでございます。しかし御中臈などは、申さば御側《おそば》役、御表のお小《こ》姓《しょう》衆のようで、容貌《きりょう》の佳《よ》い者が出るのでございます。

問い お女中は自分自分で大奥に一家を持っているようなものですが、カマドを一切《いっさい》持っているのですか。

答え 左様にござります。部屋に合部屋というのがございます。二階に二人、下に一人いるとかいたしまして、皆部屋方（下婢《かひ》）を使っているのでございます。

問い　御中臈はどの合部屋にも人がいるのですか。

答え　やはりおります。

問い　御中臈などは幾間ぐらい持っておりましたか。

答え　上の間というのが九畳か十畳ございまして、広い部屋でございます。それから次の間というのがございました。御年寄の二階なども随分《ずいぶん》広いのでございました、やはり九畳か十畳ぐらいはございました。それが上の間で、次の間は六畳ぐらいでありました。左門二階の下が板の間でした。これもたいへん広く、下には善《よ》い人がおりました。それから召使のおります処は、ただ今の次の間におります。二階にも下にもおります。

問い　御中臈などは（召使を）幾人ぐらい使いますか。

答え　女を四人使います。私は御次の間を勤めましたが、部屋の間と合の間というのに三人ずつおりました。都合《つごう》六人いるわけです。下にも五人ぐらいおりましたが、狭《せま》くもございませぬ。

問い　御年寄に下されたものに、月給のようなものはありますか。

答え　お年寄は一年の御扶持が五十石十人扶持、それに御合力金が八十両《りょう》でございます。うち一人が上々白男扶持（一日米五合《ごう》は男、三合は女）、四人は中白でございます。上と申すのは上白で、中白からは部屋部屋の者の食料でございます。その他、薪《まき》が十三束と炭《すみ》が八俵、その他にまた銀玉と申すのがございます。

問い　銀玉というのは。

答え　銀玉と申すのは、封《ふう》じたままの銀玉で、大黒の小さいのや、何かがございます（銀玉＝豆板銀《まめいたぎん》の別称）、目方《めかた》は五百八十匁《もんめ》ございます。

問い　中臈は。

答え　中臈は十二石四人扶持、御合力金が四十両、薪が六束、お菜代が二両ほどであろうと私は考えます。

問い　その一石というのは。

答え　蔵前《くらまえ》の札差《ふださし》ので、本当は十二石（ということ）でございます。石の方が年に十二石で、何人扶持と申すのは月々にいただくものです。それから金で菜代というのをいただくのでございます。

大奥の言葉

問い　将軍のお言葉はどういうふうですか。古本で二代将軍のお言葉を見ましたが、「おじゃる」というような事があったようです。やはりそんな言葉を遣ったのですか。

答え　ご自分様の事を「こちら」と申されました。

問い　お附《つ》きの方の言葉はやはり遊ばせ言葉でしたか。

答え　左様でございます。

問い　下方で遣っている遊ばせ言葉と同じですか。

答え　左様でございます。将軍様はご自分のことを、「自分が、自分が」とおっしゃったこともございました。「こちら」とか、「自分」とかおっしゃいました。

問い　御台様は何と申されましたか。

答え　御台様は「わたくし」とおっしゃいました。「わたくしは嫌いじゃ」とか、「好きじゃ」とか、「アージャ、コージャ」とおっしゃったのでございます。公方様は「いやだ、好きだ」とおっしゃって、別に通常の言葉と変わったことはございませぬ。

問い　彼方《かなた》（あなた）がたが御台様に何かおっしゃる時は、何というのですか。

答え　御前《ごぜん》と申します。

問い　将軍家には。

答え　上《かみ》と申します。「この御湯取りは上のである」とか、「上の御薬罐《やかん》だ」とか、申すのでございます。

女中の役柄

中臈の次は**御坊主**である。この者は将軍附だけで、御台所附にはない。坊主といっても女で、御伽《とぎ》坊主ともいい、五十才前後の者である。この坊主は羽織《はおり》を着、名は長寿・栄喜・円喜・栄佐などがあった。将軍の刀を持って供をして奥から表へゆくし、将軍が忘れ物をしたといえば、奥から表へゆく。これは御錠口という男と女の禁門を通ってゆける特例のある女であった。

御錠口衆は、表と奥の界《さかい》の詰所にいて番をする者であって、表と奥との通信をする。また昼夜共に「ただ今何時《なんどき》でございます」と、時間ごとに御台所の御座の間へ通報するのも役目であった。

御小姓は、十三、四才の女子で、御台所附の給仕《きゆうじ》である。

御次は、仏間《ぶつま》・台子《だいす》・膳部《ぜんぶ》・道具などを司《つかさど》る役である。

御三の間は、大奥の御台所の御座の間附近に、御三の間という座敷が三か所もあるが、この御三の間から上の座敷、御座の間までの掃除などを司る役であって、別に三の間詰所という部屋があった。この掃除の他に御年寄以下中臈詰所の雑用をするのである。御次と御三の間の役をする者は、遊芸《ゆうげい》一通りを心得ている必要があった。

御仲居は、膳部を司る役であって、仲居の名も、お鯛《たい》・お蛸《たこ》などと附けてある。

御火《おひ》の番《ばん》は、各局女中の部屋を幾度となく巡回して、火の元を注意する役である。

御末は、風呂・膳の水汲《みずく》みなど水仕事をする者であるが、大奥から出る高級女中、外から来る高級婦人などが駕籠《かご》で出入する際、御広敷《ひろしき》から御三の間までの間、この駕籠をかつぐ女駕夫《かごかき》の役もした。したがって日々駕籠をかつぐ稽古《けいこ》もしていた。

御犬子供は、十五、六才から二十二、三才までの女子で、各詰所に五、六人ずついて、御錠口から御三の間詰までの雑用をする。御犬子供が側にいない時、上級の女中は「来《き》やれ」とこの子供を呼ぶのである。

以上は大奥内部だけの女中役名を一束《いっそく》して述べたのであるが、次は外部との交渉のある役に触《ふ》れねばならない。外部との接触は、内部だけしか見えない御年寄や、大奥だけでなく表向《おもてむき》へ影響を及ぼす賄賂《わいろ》を通じての事であった。外部関係の役名個々の問題だけではなく、皆関連しているので、役名の解説の後に一束して賄賂の経路を述べる事にしたい。

表　使

表使は、御年寄の指図《さしず》を受けて諸買物を司り、御年寄・御中臈・中年寄に随行《ずいこう》して御台所の代参《だいさん》を勤める役で、七人いた。大奥役人ではあるが、表向の役のうちにある御広敷御用人や御用達《ようたし》、共に御目見以上の資格のある者と応接する役で、大奥一切の外交官であったため、才能のある者でないと勤めかねたという。表使はお買上げ物があると、直ちに御広敷御用人へ通知する。また表から御広敷へ通知して来る用向きを承《うけたま》わって、御前（御台所）へ取次ぎ、その返事を御広敷が表へ伝えるのである。表使の名は、表向への使いの意味であって、ただ外への使という意味ではない。

御切手

御切手とは役名である。切手門という、一の長局と二の長局との中央に当たる処に通路を跨《また》いで建《た》ててある白木造《しらきづくり》の門に詰めていて、通行の者の切手を改める役である。通行者というのは、女中の親や親類などで、女中に面会に来る時は、ここで出入の切手を渡して、本人の居間へ通るのである。これだけではなく御用達の町人が商用で出入りする時に、いちいちこれを改めるのであるが、町人といっても町人の女房であった。奥向には男の町人は立入れないから、女房が代行するわけである。この役は古くは男であったが、弊害《へいがい》があるので改めた。

呉服の間・御使番

呉服の間というのは、呉服の間に詰める女中の事であって、将軍・御台所の服装を裁縫《さいほう》する事を主とするが、いろいろな新柄の呉服物を持ち込んで来て、女中の虚栄心《きよえいしん》をあおり、多くの問題を起している。

御使番は、代参のお供をしたり、手紙などや進物《しんもつ》などを受けて御広敷へ渡す役である。

御右筆

御右（祐）筆は**奥御右筆**ともいい、表御右筆に対する役名である。仕事は日記、諸向への達書、諸家へ遣《つか》わす文等を司る。御右筆頭があって、御右筆を取り締まり、また代参には随行する。お文に進物を添える事があれば、御年寄は必ず御右筆頭に相談してから、その進物を定める。右筆が前例などを調べるのである。格式《かくしき》は中年寄に準じて高い。この右筆は文章だけの外部の接触であるとはいえ、古格《こかく》などを調べてこじつけの出来るところに賄賂を受けるコツがある「もうけ役」であった。

御用人

次に大奥の玄関を入った処にある御広敷にいる男の役人について述べよう。御広敷のうち、御用人に限って布衣《ほい》以上の士であって、御目見以上でなければならない。奥向の御用を表使から承《うけたま》わって、それぞれの下役に割り附ける。この役は御用達町人に二、三割値下《ねさげ》をさせるとか、支払を遅らせるとか、もっぱら甘い汁を吸える役であった。また表向からの御用を受けて表使へ渡す。玄関へ入って間もない御広座敷で、表使と用事の相談をする。表使の詰所も御広座敷の近くにある。また大奥の女中を召《め》し抱《かか》える時は、表使と立ち会っていい渡すのである。すべて表から、奥から、また諸家から来る大奥の用を総括する役である。

御《ご》用《よう》達《たし》

この場合の御用達というのは町人でなく、旗本であって、御目見以上の者をいう。この御用達以下の広敷役人は、皆御目見以下であった。御用人の指図を受けて、出入りの町人すなわち御用達町人を呼んで、一切の買上物を命ずるのである。御用達町人の種類は次のようなものがあった。

彫物師・飾師・櫛師・雛師・造花師・伽羅《きゃら》師・墨所・染物師・紺師・水菓子所・薫物所・呉服所・塗師・蒔絵師・針師・人形師・生花師・鏡師・楽器道具師・筆所・糸納方・菓子所・煎茶所・玉細工所・御庭作

御用達町人長屋の設備もあり、出張して仕事をする事の出来るものは、この長屋へ来て仕事をした。

この他にも御用達町人が多く出来たが、いずれも贈賄《ぞうわい》によって特権を獲得したのである。これらの独占競争については、別に述べよう。

御庭番

次に御庭番である。江戸城表向の処に述べてあるように将軍のスパイのような役目も果《は》たしたが、御用人に上申《じょうしん》して御庭作を呼び、お庭を造らせるのが役割であった。御庭作は団子坂《だんござか》・入谷《いりや》・巣鴨《すがも》から植木職人を入れて造らせる者の事であって、三か所から各二人ずつとなっていた。

この他の役としては、御広敷番頭・御広敷番衆・御侍衆・御膳部御台所頭・御膳部御台所組頭・御用部屋書役（御用人の書記）・御用部屋吟味《ぎんみ》役・御火の番・進物取次番・御用部屋仕丁《してい》などがあった。

御用達町人の贈賄合戦

大奥に対する御用達町人の攻勢が猛烈になったのは、五代将軍綱吉《つなよし》時代からであった。綱吉が館林侯であったころには、これに御用を承る町人が大奥とは別にいたが、将軍となって江戸城に入ると、この御用達町人が大奥の御用町人へ割り込んで来て激しい競争となった。

たとえば呉服商人とすれば、従来は後藤縫殿允《ぬいのじょう》・茶屋宗意・茶屋四郎次郎が呉服所として、大奥の御召物や地質調べをして調進《ちょうしん》していたのであるが、他の呉服商で三の丸様（桂昌院《けいしょういん》）御用達と称する者が大奥へ割り込んで来た。桂昌院は綱吉の生母であって、当時大奥のみでなく表向までも威力を持ち、柳沢《やなぎさわ》等の御側御用人までも意のままになっていたから、呉服所もこれに抗議しようがなかった。

六代将軍家宣《いえのぶ》のころになると、今度は甲府侯時代からの御用達商人が割り込んで来て、大奥への商戦はますます激しくなってきた。これらの商人はいよいよ手広く御用を承ろうというので、お附お附の女中などへの贈賄はいうまでもなく、宿下《やどさが》りの折を伺って、芝居見物の馳走《ちそう》をした上に、宿元へも酒肴《しゅこう》菓子などの類《たぐい》を贈るなどした。これがさらに発展して、御台所の御代参には、その寺社参詣の帰り途《みち》に料理屋へ請《しょう》じ、昼食には善美《ぜんび》を尽《つ》くして酒肴を馳走するという大がかりな贈賄へと発展した。

こうした呉服商の競争は、勢《いきお》い贈賄の多い方がひいきされる傾向となり、女中によってひいきの呉服商が生まれた。ある呉服商が新模様の織物を織り出して宣伝すれば、他の呉服商はこんな染色《せんしょく》を工夫したと誇《ほこ》って宣伝するというぐあいであった。こうした風潮《ふうちょう》は京都の呉服商へも影響し、京都からも江戸大奥へ公家風の新柄を持ち込んで競争が起り、京都呉服商の御用達も出来た。

呉服御用達の競争は、ついに粧飾具その他の瑣細《ささい》な品にも及んだ。初めは小買物御用達というのがあって、小買物を買い入れる所は決まっていたのが、紅白粉《べにおしろい》は誰、袋物《ふくろもの》は誰と、女中が新規の商人を用達とするようになった。醤油《しょうゆ》・酢《す》は、もとは溜屋《たまりや》御用達が納《おさ》めていたのだが、女中の方では、別な商人の醤油用達・酢用達を申し付けるようにした。桶《おけ》は桶大工頭が納めてきたが、これも別に新しい桶御用達を申し付けるようにした。また箱類は指物《さしもの》御用達が納めてきたが、これも別に箱御用達を申し付けるようにした。

これらは、いずれも御台所へ御覧に入れるという形式をとるわけであった。蒔絵《まきえ》にしても、自分好みの蒔絵師に作らせた蒔絵を御台所に御覧に入れて手元へ置くようにし、「今後も蒔絵御用があれば、この蒔絵師に御用を」というように女中が話し、御台所の御用となれば、漆《うるし》は漆奉行から、金銀箔《きんぎんぱく》は箔座から渡されるわけであった。

桶・大工にしても、幕府に材料のある物は幕府から供給し、職人は労役として奉仕して、税金はなかったのであるが、税金を納めて労役奉仕を止めるように税制の変化をもたらした職もある。桶町・大工町・紺屋町などは、たとえば桶大工頭の周辺に桶大工が集まっていたのであるが、金納に変化すると桶大工はその町から分散するようになった。石工《いしく》・大鋸《のこぎり》・瓦《かわら》・建具《たてぐ》・経師《きょうじ》・壁《かべ》塗《ぬり》などでも、女中の口入れで御用達を命ぜられる者があった。新寺院・新御殿の建築などの場合は、ことに強い影響があるので、古くからの御用達も既特権《きとくけん》を守るためには、それぞれに贈賄しておかなければならなくなった。

収賄《しゅうわい》防止の訓令《くんれい》

御用達の贈賄攻勢が猛烈を極《きわ》めたので、六代家宣《いえのぶ》の正徳《しょうとく》二年（一七一二）七月に、月番老中から、寺社・町・勘定の三奉行を始め、御作事奉行・御普請奉行・小普請奉行・御小納戸奉行・御腰物奉行・御賄頭・細工所頭などへ、収賄してはならないと、次の訓令を発した。

　御用達諸職人・諸商人ども、御用仰付られ候《そうろう》節、其筋々《そのすじすじ》の役向《やくむき》へ、礼又《また》は世話に相成《あいなり》候由《よし》にて、贈り物等致し候由。右は度々仰出《たびたびおおせだ》され候賄賂がましき所為《しょい》に付、向後一切《こうごいっさい》右様の儀《ぎ》これなき様、堅《かた》く申渡《もうしわた》さるべく候。万一心得違《まんいちこころえちがい》のものこれあり候わば、急度曲事《きっとくせごと》（処罰）に申付べく候。前断に付、右御用等に拘《かか》わり候向々《むきむき》は、別《わけ》て御趣意《しゅい》堅く相守《あいまも》り、心得違これなき様、兼《かね》て支配向の面々へ、堅く申付られべく候。

その収賄の本体は大奥にあるわけだったから、さらに大奥女中に対しても、次のような訓令が出されている。

　大奥勤《つとめ》のものは、何事によらず、総《すべ》て猥《みだ》りに表方御役人中へ、応対等相成難《あいなりがた》き所、中には所縁《しょえん》の廉《かど》を以《もつ》て、折々出会《おりおりであい》候ものも、これあるやに相聞《あいきこ》へ、殊《こと》に諸職人・諸商人ども御用仰付られ候儀など、彼是取持《かれこれとりもち》がましき儀もこれある由相聞え、以《もつて》の外《ほか》の事に候。向後、右様の儀これなき様、急度申渡さるべく候。万一此以後、右等の儀相聞え候わば、早速《さっそく》御僉議《せんぎ》を遂《とげ》られ、厳重の御咎《おとが》めこれあるべき間、此旨堅く相心得申さるべく候。

右の趣、大奥下々《しもじも》に至《いた》るまで心得のため相達すべく候。

この令では俗にいう「糠《ぬか》に釘《くぎ》」という程度であったから、さらに具体的に示した禁令を次の通り発した。

大奥ならびに御部屋女中より、表方御役人へ、親類・縁者御役替の儀、又は町人・職人御用達し候儀を、女中より直《じか》にたのみ候事も、これあり候様に相きこえ候。向後一切たのみ申まじく候。もし表向御役人へ申届け候わで叶《かな》わざる用事これある時は、御留守居へ申達し、御役人へは御留守居より申通じ候様に致し申すべく候。女中より直々たのみ遣わし候事はもちろん、御留守居をさしおき、外の向よりたのみ申つかわし候儀も、一切無用たるべく候。此以後相背《そむ》き候ものこれあり候わば、急度御ぎんみあるべきよし仰出され候間、かたく相守り申べく候。三丸・二丸女中も同様に堅く相守り申べく候。

これに見える御留守居というのは男であって、旗本で五千石高、与力《よりき》十騎・同心《どうしん》五十人が附属していて、定員は五人であった。諸藩の城代《じようだい》に当たる者で、戦時には必要な職であったが、平和時代は取締りなどをする閑職《かんしよく》となった。平和時代に留守居の必要なのは、節分《せつぶん》の年男《としおとこ》になる時だけであって、多勢の女中に胴上げされて逃げ回る役であった。御年寄ではダメだから、御留守居の許可を得よという窮余《きゆうよ》の一策《いつさく》であった。これも大奥の腐敗《ふはい》に対して何《なん》ら威力を示さなかった事は、正徳四年（一七一四）の御年寄絵島《えじま》（江島）事件によってもわかる。この事件の処罰は絵島関係者だけにしぼられ、他の者に類を及ぼさないようウヤムヤにしてしまったが、絵島に似た事は皆やっていたのである。

御年寄絵島の不始末《ふしまつ》

絵島は月光院附の御年寄で、六代将軍家宣《いえのぶ》の命日《めいにち》に当たる正徳四年一月十四日に、御代参として芝増上寺《しばぞうじょうじ》へ行った。同行者は御年寄絵島（二十一才）・新中老（中臈）役宮路（二十八才）・同役木曽路（二十七才）・御表御使番梅山（二十二才）・御内証御使番吉川（二十七才）・同役おきつ（二十七才）以下、供奉《ぐぶ》の侍《さむらい》まで加えると百三十人ほどであったという。増上寺へ代参の帰り道に、木挽町《こびきちょう》の山村座《やまむらざ》へゆき芝居見物をする約束をしていた。

代参だけは公然認可されたものであったが、山村座の方は内密《ないみつ》の事に属していた。山村座への招待者は、呉服御用達の後藤縫殿助という御広敷御用人支配の者であった。芝居の仕出しは茶屋藤屋又五郎、菓子は御用達飯田町虎屋が受け持ち、これら弁当の総数は百人前であったというから、だいたい一行のほとんどが芝居へ行った事になる。後藤縫殿助の手代《てだい》次郎兵衛（二十三才）がお気に入りであったというから、表面は次郎兵衛が活動していた事になる。絵島のお目当ては役者の生島新五郎《いくしましんごろう》であったが、この時は生島に逢《あ》えなかったので絵島は未練を残して帰り、二度目の上野御代参の時に生島に逢えるようにしたとの説もある。

後藤がこのような芝居見物で大奥御年寄等の歓心《かんしん》を買おうとするのは、むろん他の御用達呉服商に対抗する必要から出た苦肉《くにく》の策《さく》であった。しかし、芝居見物料金や菓子弁当が百人分にもなるという巨額の費用は出しきれないはずであった。裏に後藤を操《あやつ》る者がいて、この費用を出していたわけである。それは浅草諏訪町の柄屋善六という成上がり者で、商売は材木・米商、幕府の銀吹替《ふきかえ》（改鋳《かいちゅう》）御用もした男であった。諸大名などの用達をしていたが、さらに城内への薪炭《しんたん》御用達になる事をねらっての贈賄であった。

城内の薪炭は、一年間四、五万両以上だからというので、絵島の親類へまず贈賄し、さらに絵島本人にも贈賄した。山村座の桟敷《さじき》も柄屋が代金を支払って借りたのである。絵島は市村座の看板たたきの娘とも、あるいは郡《こおり》山《やま》の生れで紀《き》州《しゅう》藩《はん》に奉公していた者ともいわれ、素《す》性《じょう》がはっきりしないが、白井平右衛門を仮親として大奥へ奉公し、自分の勢力によって白井やその族を出世させていた。

『山王外記』によると、絵島は、年は三十、才幹《さいかん》のある美人で、ひそかに俳優を大奥へ引き入れて、おのが部屋へ数日の間泊めておいたとしてある。自分一人では都合《つごう》が悪いので、宮地・梅山・吉川などを始め、七人の中老（中臈）へそれぞれ相方の役者を呼び遊ばせたともしてある。また、尾州《びしゅう》（尾張《おわり》国の別称）藩屋敷では、生島の弟生島大吉が本町呉服屋伊豆蔵の呉服用の通《かよい》長持《ながもち》に入って、奥へ忍んで行った事が明るみに出た事件もある。生島自身の場合も呉服長持を使ったとされるが、事件を調べた方では、事実あったとしてもこれは明るみへ出せなかった。

絵島らの芝居見物一件を密告したのは、町奉行附の目明《めあか》しや、徒目付《かち》・小人目付で、御広敷番頭へ知らせてあった。だが御広敷で握《にぎ》り潰《つぶ》していたらしく、町奉行から老中へ報告し、山村座を呼び出して事件を明るみに出したのである。当局としては絵島らを処罰して、大奥への一切の賄賂を一掃しようというところにねらいがあった。

この事件で処罰された者は、御年寄絵島・御年寄宮路・表使吉川・中臈使梅山・絵島の姪《めい》遊里が永遠流《おんる》、この他中臈伊代・御次頭れん・同よせ・同れよ・呉服の間しも・三の間よの・同きつ・御使番木曽路・同藤枝・御茶の間せんは扶持召放《めしはなし》、奉公御構《おかまい》となり、これら女中に使われていた下女五十七人は追放となった。

留守居番平田平右衛門・御用達手代《てだい》一人は永遠流、書院番一人は流罪《るざい》。大奥役人でない者は、絵島兄白井平右衛門が死罪、絵島弟豊島平八郎は重追放《じゅうついほう》、絵島の親類《しんるい》御奥医師奥山交竹院は永遠流、小普請奉行金井六左衛門は流罪、柄屋善六は流罪、山村長太夫と生島新五郎も流罪、中村清五郎は永遠流、御呉服師後藤縫殿助は閉門《へいもん》となった。この他にも数人処罰された者がある。

この事件以後、上級女中の宿下がりは禁止され、御用達町人の男手代は女手代に替えられた。

収賄常習《しゅうわいじょうしゅう》の進物取次番

進物取次番や奥御右筆は槍玉《やりだま》に挙《あ》がっていないが、もうけ役としては当時誰知らぬ者もなかった。彼らは収賄の常習犯であった。進物取次番は十四人いて、その上に番頭が三人いた。両役とも旗本から下の御家人で、三家《さんけ》・三卿《さんきょう》以下大名などから献上する進物を受けて表使へ廻送《かいそう》する役であった。反対に大奥からの贈物を御使番から引き受けて、取次下番に命じて配達させる役目もした。

これらの国主・大名などは、例年の事であるが、年始・八朔《はっさく》には御太刀金・馬代、端午《たんご》・重陽《ちょうよう》・歳暮《せいぼ》には御時服《じふく》を献上し、また国産の献上品があった。この献上品を受け入れる処は平河口《ひらかわぐち》門と限っていたから、この時になると献上者が同門から殺到して、我先《われさき》になだれ込んだといわれる。事実使者の上下《かみしも》が裂《さ》かれ、長持が破《やぶ》られ、足軽が踏み殺されたというほどの騒ぎであった。

使者は口上《こうじょう》を述べ、御献上品を差し出すのであるが、取次番は厳しくこの品物を検査する。包紙が揉《も》めている（しわになっている）から包み直して持参するようにと命じたり、献上品の台の脚が曲がっているから取り換えて持参するようと命じたり、あるいは干鯛の鱗《うろこ》がはがれているから他の良い鯛に取り換えて持参するように命ずるなど、どこか缺（欠）点を探《さが》し出して苦情をいう。しかし、受付の時間に制限があるので、取り換えて再び持参するわけにゆかない。実はそこが附け目で、取次番の方では時間の制限を悪用し、なんくせを附けるわけであった。

使者は心得たもので、懐中《かいちゅう》から金一封《きんいっぷう》を取り出し、取次番にそっと握らせ、もはや刻限《こくげん》で品物を引き換える暇もないから、貴殿のおとりなしをひとえに頼み入ると哀願して引き退《さ》がるのである。御時服なる献上品など、取次役が何枚も重ねて廊下を引きずってゆくし、干鯛は投げ出すなどするのであるから、結局は袖《そで》の下《した》（賄賂）を取るだけの苦情であった。収入の少ない貧乏御家人《ごけにん》とすれば、これで息がつけたのである。

奥右筆への贈賄

先に述べた絵島事件で処罰を受けた絵島の兄白井平右衛門という者は、絵島の実兄ではない。白井の罪状には、公儀《こうぎ》を偽《いつわ》り、筋無の者を女中に差し出したとしてある。この女中とは絵島のことである。白井は絵島に引き立てられて、三十俵二人扶持の家人となり、三百俵・御目見席に昇進した。このような昇進には、奥御右筆の先格調査などでのこじつけが必要であった。大奥から表向への交渉の裏には、御右筆が介在していた。

日光山東照宮《にっこうさんとうしょうぐう》の修繕《しゅうぜん》その他、修繕新築などは大名へ課役《かえき》される。この課役の調査は奥右筆がするので、課役を延期してもらうとか、少なくしてもらうには、奥右筆へ贈賄しなければならなかった。今度の大名誰のお手伝は何処《どこ》で、何万両かかるという時、その大名は奥右筆へ贈賄して、次のお手伝などに延期してもらうのである。たとえば今度は五万両ぐらいかかるお手伝で、次のお手伝は二万両ぐらいとすると、次の二万両の方に振り替えてもらうというわけである。突然お手伝を命ぜられても、勝手許不如意《かってもとふにょい》として、奥右筆に贈賄し、頼んで延期してもらう手もあった。任官・在官・定火消《じょうびけし》・方角火消《ほうがくびけし》などで任期の長い役は、負担が重すぎるので、そういう役廻りの来そうな時は、奥右筆に頼み、さらに上役に頼んで、一年半ぐらいに短くしてもらう運動をするのである。

贈賄周旋《しゆうせん》ブローカー

贈賄には、周旋屋ブローカーが介在するものもあった。大名の中屋敷・下屋敷がどうも不便だから、上地《あげち》になった誰の中屋敷・下屋敷の方へ取り換えてもらいたいと表向に願い出て断わられたとする。この際には周旋屋が、取り換えを願い出た大名の邸へゆき、公用人《こうようにん》に面会する。そうして

「御当家は誰殿の上地跡《あと》を御所望《しよもう》遊ばされたが御沙汰《ごさた》がないとのこと、誠にお気の毒に存じます。大奥の御年寄誰または御中臈誰は、それがしの親類の娘で、このような事に随分手馴《てな》れているので、御取次《とりつぎ》してもよろしいですよ」

といい、贈賄二百両はその女中の方へ渡し、成功すれば五百両いただきたいというのである。中臈以上に縁故ある者は、このような周旋をして楽に生活出来たという。いずれ御家人級の者に多かったようだが、奥右筆もこれに介入《かいにゆう》して先格調査をするわけであった。

将軍の愛妾《あいしょう》たちの素性《すじょう》

将軍とその生母の妾《めかけ》については、すでに少し触れておいたが、初代家康からの妾や、この妾等が社会に悪影響を及ぼした点などについて、洩《も》れた処を少し述べておく。

表向の老中以下の政治家に、民主々義的政治は露ほどもなかったが、徳川中心の政治にはほんの少々だがあった。大奥の方にはそんな政治思想は露ほどもなく、あるのは原始的な迷信と虚栄だけであった。

初代の将軍である徳川家康は好色漢《こうしょくかん》で、この好色血統は十五代の徳川慶喜《よしのぶ》まで続いている。家康の正夫人には築山殿《つきやまどの》と朝日《あさひ》の方《かた》がいて、他には後家さんの妾がたくさんいた。江戸後期の儒《じゅ》学者《がくしゃ》である中井竹山《なかいちくざん》は

「東照公《とうしょう》（家康）は閨門《けいもん》の修《おさ》まらない聖人だ」

といっているが、「聖人」という尊称も除かなければならないようなふるまいであったのが事実である。『三河《みかわ》古物語』という写本には、ある人の女房が美人だというので、家康がその女房を奪取《だっしゅ》するために戦争を起し、敵城を攻《せ》め落《お》としたという話があるそうである。他人の古女房が好きというところに家康の趣味があった。

結城中納言秀康《ゆうきちゅうなごんひでやす》（越前《えちぜん》松平家の始祖）の母おまん（小督局《こごうのつぼね》）は、三河池鯉鮒《ちりゅう》（知立）の後家《ごけ》

で、岡崎城《おかざきじょう》へ奉公に出ていた時、家康がはらませた女である。正妻の築山殿が大焼餅を起し、おまんを丸裸にして打《う》ち叩《たた》いた上、裏山の谷間へ投げ出しておいたのを、本多作左衛門が城内見廻りの時に発見し、ひそかにわが家へ連れ帰り、城外の有富村に隠《かく》して生ませたのが秀康であった。これなどはまだ御台所から中臈をもらいうけるという習慣がなかった原始的妾といえよう。

世に越後少将といわれた松平忠輝《まつだいらただてる》の母は、遠州《えんしゅう》（遠江《とおとうみ》国の別称）金谷《かなや》の百姓八の女房で、家康の召使になっていた後家である。

家康の娘松姫・市姫の母は、太田道灌《おおたどうかん》の遠孫太田康資の娘である。この女は十三才で妾になった早熟の娘で、後家ではないから例外といえよう。

もう一人例外はあったようだ。紀伊頼宣《きいよりのぶ》（紀州家の始祖）・水戸頼房《みとよりふさ》（水戸家の始祖）の母は安房《あわ》の者であって、蔭山長門守《かげやまながとのかみ》の娘分として召使われた者であるが、前に結婚していた事はなかったらしい。

尾張義直《おわりよしなお》（尾張家の始祖）の母は、山城石清水八幡《やましろいわしみずはちまん》の神主《かんぬし》の娘お亀《かめ》で、一度他に嫁した事のある後家である。

二代将軍秀忠《ひでただ》の母も西郷義勝の妻であったが、西郷の戦死後に妾となった者である。

阿茶《あちゃ》局《のつぼね》というのは今川家の神尾忠重の妻であったが、後に家康の妾となった。この後家は家康のお気に入りで、関ケ原戦・大坂役《おおさかのえき》にも家康の供をして陣中にいた女である。元和《げんな》七年（一六二一）に秀忠の長女が入内《じゅだい》して中宮《ちゅうぐう》になった時、この阿茶が御母代りという名で参内《さんだい》し、従一位に叙《じょ》された。ここから「神尾一位」といわれた後家である。「阿茶」も公家の称で、御膳掛《ごぜん》長をいい、次長は「茶阿」と逆にいうが、この長の方の「阿茶」であった。この他にもたくさんいたであろうが、子を生まなかった者についてはわかっていない。

秀忠の妻は浅井長政《あさいながまさ》の三人娘の末子である。長女は豊臣秀吉《とよとみひでよし》の妾淀君《よどぎみ》で、二女は京極高次《きょうごくたかつぐ》の妻、三女達子《たつこ》は佐治一成《さじかずなり》の妻であった。ところが秀吉は佐治から達子を取り上げて、丹波宰相秀勝(織田信長の四男)の妻にした。しかし秀勝が征韓《せいかん》中に病死したので、さらに秀忠を三度目の夫とさせたわけである。達子は男ずれしていたせいか、築山殿に似《に》て焼餅やきであった。徳川将軍中にも珍しい恐妻家《きょうさいか》であった秀忠に妾は少ない。もっとも温和《おんわ》で平凡な者であったからでもあるが——。秀忠が秘密にしていた妾の子に保科正之《ほしなまさゆき》(会津《あいづ》藩の始祖)がいる。達子の長女は豊臣秀頼《ひでより》の妻となり、後に天樹院《てんじゅいん》と称したが、先述したように淫婦として有名な後家であった。また、家康そっくりな好色家《こうしょくか》家光《いえみつ》も達子の子であった。

三代家光の正室は鷹司摂政信房《たかつかさせっしょうのぶふさ》の女であるが、家光はこのような公家娘は嫌いであった。イカモノ好みだからであろう。伊勢《いせ》国宇治に内宮社僧《ないくうしゃそう》の正慶院という尼寺《あまでら》があったが、この院主の尼さんは美人で、金襴《きんらん》の袈裟《けさ》に紫の衣をまとった二十一、二才の妙齢《みょうれい》であった。この尼さんが江戸城へ年頭の礼に来て家光へ御目見をした。家光は正慶院を江戸に滞在させよと命じ、妾にしたという話で、これがお万の方となった。妊娠したという噂もあるが、実際は服薬《ふくやく》させて男子出生を避けたという話である。イカモノ喰《ぐ》いの好見本といえるであろう。

家光が隅田川《すみだがわ》辺へ行った時、浅草《あさくさ》の路傍《ろぼう》で拝《おが》んでいたおらくという十三才の娘を見染め、大奥へ呼んで妾にして生ませたのが、四代家綱《いえつな》である。これもイカモノ喰いの内に入るかもしれない。家光の乳母《うば》春日局《かすがのつぼね》が上京した時、京都の口入屋《くちいれや》から女童《めのわらわ》を抱《かか》えて来て使っていたが、家光が春日局の部屋へ来て、この十四才のお玉という美人を望んだ。このお玉の父は京都辺の八百屋であって、毎日土大根を担《にな》って「大根買っておくれやす」と売って歩く大根売りであった。お玉の兄は二条家《にじょうけ》に奉公していた青侍《あおざむらい》で、俗に三石さんという、年俸米《ねんぼうまい》三石のサラリーマンであった。一人扶持というと一日米五合であるから二人扶持は米一升、つまり三石さんは二人扶持にもならない最低の者であった。お玉の弟は次郎左衛門といい、公家の渡《わた》り奉公人で、これも一人扶持の方であった。

若君御誕生で京都所司代《きょうとしょしだい》に身元調《みもとしら》べをさせたところ、所司代もさるもの、お玉局の御実父は北小路太郎兵衛藤原宗正殿といい、由緒《ゆいしょ》ある武士の嫡男《ちゃくなん》、男の子二人はいずれも二条大臣家の家司《けいし》を勤《つと》め、人品《じんぴん》皆賤《いや》しからず、一器量《きりょう》これある人々だと報告した。やがてこの父子共に江戸へ呼び寄せられ、兄は北小路宮内少輔道芳と称し、後に美濃《みの》高富城主（一万石）となり、弟は次郎左衛門宗資となって、因幡守《いなばのかみ》に任官《にんかん》し、後に常陸笠間《ひたちかさま》城主（七万石）となり、改姓して本庄となった。兄の方は一万石で本庄姓になっているが、弟の方は出世して松平姓を与えられ、『武鑑《ぶかん》』にも松平氏としてあり、丹後《たんご》与佐郡宮津七万石、松平伯耆守《ほうきのかみ》になっている。お玉の方自身は従一位に昇《のぼ》り、桂昌院《けいしょういん》様といわれた。お玉の一派に属する者は皆出世したが、六角越前守《えちぜんのかみ》・大沢越《えつ》中守《ちゅうのかみ》・富田甲斐守《かいのかみ》・奥沢能登守《のとのかみ》・戸田中務大輔《なかつかさたいふ》・佐野豊前《ぶぜん》守は、共に莫大《ばくだい》な恩寵《おんちょう》をこうむったとそねまれた者どもであった。

大根売りの娘が将軍の妾になり、将軍（五代綱吉《つなよし》）の母として同族まで出世させた。この事は、庶民の男女を堕落《だらく》させたという害毒として大きく計《はか》り難《がた》い社会悪であったが、代々の将軍にはつきものだった。だが何よりも見逃しがたい社会悪は、無智から来た迷信《めいしん》による犬問題であろう。これは幇間《ほうかん》（ご機嫌取り）坊主が相棒《あいぼう》になって、無智な妾を煽動したのであった。この犬問題の発端《ほったん》を次に述べよう。

お犬様問題の発端

江戸城の吹上御苑《ふきあげぎょえん》から紅葉山《もみじやま》の辺へかけては、雉子《きじ》・兎《うさぎ》・狐《きつね》・狸《たぬき》が年々に蕃殖《はんしょく》したが、場所柄誰も捕《とら》える者がなかったので、食物の豊富な大奥の料理の間から長局辺の椽の下にまで住むようになり、昼夜となく遊びたわむれていた。困った女中どもは老中に申し出て、虎の皮を座敷へ置く事とした。これは右衛門佐の智恵だったが、虎の皮もたくさんはないので、やがて品切れになった。また狐狸《こり》は虎の皮があっても逃げる事なく、食物を荒すなど、その害は甚《はなは》だしかったので、右衛門佐の聟《むこ》養子の桃井内蔵助《くらのすけ》に相談したところ、狐狸の怖《おそ》れるのは犬だから飼犬がいいと教えた。そこで犬を飼い始めたわけであるが、狐狸が出なくなったので、部屋々々に一匹ずつ飼う事にした。これは本丸の話であるが、三の丸の桂昌院や小谷の方、二の丸の別殿でも飼犬を始めた。

そんな折、桂昌院の住居へ加持《かじ》に来たのが、護持院《ごじいん》の隆光《りゅうこう》という幇間《ほうかん》坊主であった。狐狸を追い払うために飼っているという犬の話を聞いた隆光は、謹《つつし》んで桂昌院へこのように申し上げた。

「これは全く仏の御計《おはから》いと存《ぞん》じ奉《たてまつ》る。仔細《しさい》は、恐《おそ》れながら上様（綱吉）は戌《いぬ》の年の御誕生にていらせられるゆえ、もっとも犬をこそ御愛憐《あいれん》あらせられる事であって、ただ今は御子孫《しそん》御繁栄《はんえい》の御祈願の事であるから、別して犬を御憐《あわれ》みあらせられた方がよろしい。私はそこまでは心付き申さず、言上《ごんじょう》に及ばなかったが、凡慮《ぼんりょ》の及《およ》ばない所を仏の計い給《たも》うのであろう。感涙《かんるい》に堪《た》えない。」

戌年の人間と犬とを結び附け、仏は桂昌院だというように礼讃《らいさん》したのであるから、まさに当意《とうい》即妙《そくみょう》幇間《ほうかん》大僧正とでもいえよう。

ところで、これを受け入れる従一位桂昌院の頭は、無智な昔ながらの大根売の娘のままであった。これを綱吉に話したところ、綱吉は周易《しゅうえき》（易経《えききょう》）の講義を聞いていたので、気数循理の理からも大いに感心してしまい、老中に愛犬を命じた。いずれは戌と犬との事であろうが、『易経』には、そのような愛犬の事は書いていない。

この命令のため、人間が虐待《ぎゃくたい》されたり死刑となったのであるから、迷信ほど恐ろしいものはない。また、幕府の財政をからっぽにして、元禄悪貨《げんろくあっか》を鋳《い》たのも、護持院建築などの浪費によるものであったから、この面にも桂昌院と隆光の社会的罪悪がひそんでいた。

家康は自分の貯《たくわ》えた金を秀忠に与《あた》えて隠居《いんきょ》したが、この金は金十五万枚で、その後に軍用・江戸城火災・飢饉《ききん》の用意として金三万枚と銀一万二千貫を与えてあった。つまり寺院建立《こんりゅう》の金などは遺金《いきん》にないのである。それにもかかわらず、お寺の方に相当つぎ込んだため、これが貨幣悪鋳の原因となったわけである。この元禄悪貨には皆悩まされていた。

迷信に満ちた大奥のお産

大奥の年中行事は、元旦から除夜まで迷信で一貫《いっかん》している。彼女らは、いずれも不生産的生活者であったからである。お犬様の方はいくらか歴史に見えているが、他の迷信の事は知られていない。ここで一つ医学的でないお産の迷信だけを述べておく。

妊娠は初め医師が認めるのであるが、そうすると不例・病気といって部屋へ引き籠《こも》り、五ツ月の干支《えと》、つまり甲子《きのえね》・甲戌《きのえいぬ》・丙午《ひのえうま》・丙戌《ひのえいぬ》・戊子《つちのえね》・戊戌《つちのえいぬ》・庚戌《かのえいぬ》・辛酉《かのととり》などの日を吉日として選んで御襁帯《おいわたおび》（岩田帯）をするのである。これから北の御部屋へ移るのであるが、この北は、東の日の出、すなわち出生《しゅっせい》の前を意味している。

この襁帯というのは、生絹《すずし》八尺《しゃく》を五つに畳《たた》んだもので、この内へ白米を八十八粒、さざれ石（小さい石）五個、大豆一粒を二つに裁《た》ち割り、左右の内側へ伊勢の二字を書き分け、糊《のり》で貼り附けて、元のようにした物を紙で巻いて、その上に「摩《ま》訶《か》般若《はんにゃ》孕女濃子緒産午多経巻三紐解」と書いたのを納めてある。これを白糸で七五三に縫い、上野または芝の寺へやって安産祈念《きねん》の、吉《きち》祥如意《じょうにょい》の法を修してもらう。それから後、四ツ門外の薩摩婆という産婆《さんば》が、この護符《ごふ》を産婦の右の袂《たもと》へ入れて、

「あしの屋の賤はた帯の片結び、心やすくも月をまつかな」

と三遍《さんべん》唱えて、右の袂に入れた物を左の袂に入れ替えて結び祝うのである。この日に蟇目《ひきめ》・箆《へら》の役人や乳母を定める。

臨産の時、産婦は白無垢《しろむく》の着物で、髪は引き詰《つ》めに結ぶのである。さて蟇目の役は中臈か中年寄が一人選ばれるのだが、この女の姿が大変である。この女は着物も帯も白綸子《りんず》であって、白絹《しらぎぬ》のたすきをかける。髪は商店の丁稚《でっち》の結ぶチョン髷《まげ》にする。蛇蜂蜻蛉《あぶはちとんぼ》といっている髷を数では十二結び、十二の紙苞《かみたとう》で包むのである。顔には白粉《おしろい》を塗《ぬ》りつけ、唇《くちびる》に十二の紙に掃《は》いた紅《べに》を染《そ》めている。このような人間離れのしたお化《ば》けのような姿で、お清の間に立って半弓を持ち、出産を待っているのだ。この数は十二か月の十二であって、東の日の出を待つ意味である。また産所道具に押桶《おしおけ》というのがあり、これも十二個備《そな》えておく。円形八寸の白木造で、竹のたがをかけてあるのだが、この桶は難産《なんざん》用であった。難産の時、女中が桶の底を抜いて平産を祈るのである。桶の底があるようにつっかえての御難産だからというわけである。

さて男子出生となると、蟇目の役は

「中央利益堅牢地神許出胎哲」

と唱え、女子出生の時は

「被子一決好父愛敬」

と唱える。後にその文字を奉書《ほうしょ》八つ切りにしたものに書き附け、御産所の柱へ貼り附ける。次に産婆が臍《へそ》の緒《お》を切る。この時には、お附きの老女などが立ち会い、傍《かたわら》で

「嬰子長命果報勇敢昇進繁昌」

と唱える。また三方《さんぼう》の上に洗米《せんまい》をのせてあるのを座中に撒《ま》く。次に北の御座敷の東にある井戸の水を汲《く》んで温《あたた》め、金銀の箔を入れた産湯《うぶゆ》を、白木盥《たらい》にとって、摘綿《つみわた》五袋を延《の》べて、両の端を天地に形どり、三所ずつを白の糸で綴《と》じつけたのを赤ん坊の肌に巻かせる。これを湯上りのさせ綿というのである。胎衣《えな》（胞衣）は水で洗い、酒をそそぎ、土器《かわらけ》に入れて、桑の小弓、蓬《よもぎ》の矢、昆《こん》布《ぶ》、勝栗《かちぐり》、熨斗《のし》などの目出度《めでた》いものを添えて、胎衣桶へ入れ、白木の箱に入れ、紅葉山の後に埋めるのである。また、妊娠中に安産を祈った神仏の札を集めて人形を作っておき、後には護持院へ目録を添えて戻した。

このようにねんごろにやっても、流産《りゅうざん》や夭折《ようせつ》のため、将軍に養子をとる事があった。しかしこれらを迷信として反省する事はさらさらなかった。むしろ流産や夭折が多いから、このように凝《こ》り固まるようになったのかもしれない。松平越中守《えっちゅうのかみ》が倹約《けんやく》政治をした時、大奥の煙草盆の長紐を短くしろといったところ、老女が、「紐の長いのは、徳川家の長久《ちょうきゅう》を寿《ことほ》ぐため」と反対した事からも、その迷信ムードがわかろうというものである。

徳川幕府を潰《つぶ》した大奥女中

大奥女中を恐れたのは十五代将軍慶喜《よしのぶ》も同じであり、徳川幕府を潰したのは、大奥女中であったともいえる。これは幕府が内部からすでに崩壊《ほうかい》しており、形式にだけ存在していたにすぎないという事でもあった。これについて『大日本維新《いしん》史料』第三編に、次のような徳川慶喜談話が見える。

予《よ》が、斯《か》く御養君《ようくん》となる事を嫌《きら》いしは、当時の幕府は、既《すで》に衰亡《すいぼう》の兆を露《あらわ》せるのみならず、大奥の情態《じょうたい》を見るに、老女は実に恐《おそ》るべき者にて、実際老中以上の権力あり、殆《ほとん》ど改革の手を著《つ》くべからず、之《これ》を引受くるも、到底《とうてい》立直し得《う》る見込《みこみ》立たざりしによれり。

大奥の女中たちは先述したような迷信によって徳川の長久を祈っていたのであるが、家康の血統は四代家綱《いえつな》で絶《た》え、五代綱吉の血統は七代家継《いえつぐ》で絶え、八代吉宗《よしむね》の血統は十代家治《いえはる》で絶《た》え、十一代は一橋治済《ひとつばしはるさだ》の子家斉《いえなり》となり、十二代家慶《いえよし》の血統も十三代家定《いえさだ》で絶え、十四代家茂《いえもち》は一代で絶え、十五代は水戸の慶喜となり、徳川将軍家は断絶《だんぜつ》したのである。

十一代家斉は天明《てんめい》七年（一七八七）から天保《てんぽう》七年（一八三六）までは将軍、同八年（一八三七）から十二年（一八四一）正月までは大御所《おおごしょ》として、五十余年間にわたって大奥にばかり入《い》り浸《びた》っていた好色将軍であった。柳亭種彦《りゅうていたねひこ》※(1)の『偐紫田舎源氏《にせむらさきいなかげんじ》』のモデルは家斉将軍だといわれてい

「偐紫田舎源氏」にみえる中臈

る。光源氏《ひかるげんじ》は美貌《びぼう》の持主であるが、作には足利光氏にしてある。ここにこの本の挿画《そうが》を掲《かか》げるが、この『田舎源氏』では正確に描かれていないため、中臈の服装をあわせて掲げておく。年寄などもだいたい同じである。

中臈の服装

大奥の女中は、美しい着物に打ち込むだけでなく、美男となると飛び附くほどに大好きであった。二十五才から四十二才まで老中を勤めた老中阿部伊勢守《いせのかみ》は、老中の見廻りとして大奥へ月一回ぐらい来る事があったが、、すこぶる美男だというので、阿部が見廻りに来ると、長局《ながつぼね》から女中が出て来て、明き間に潜《ひそ》み、障子《しょうじ》や襖《ふすま》からのぞいて見ていたというほど人気があった。中には部屋着や簪《かんざし》に、阿部の家紋の『鷹の羽』をつけて、独《ひと》りで楽しんでいた女中もあったそうである。阿部自身も女好きで妾も多く持っていたが、大奥女中の方には関心がなかったらしい。この他にも、女中が大奥へ普請《ふしん》に来た美男大工《だいく》に密通《みっつう》した話などがある。しょせん、江戸城大奥は女牢のような処であったということである。

押附け聟《むこ》に押附け嫁《よめ》

家斉は一橋刑部卿治済《ひとつばしぎょうぶきょうはるさだ》の子であるが、天明元年（一七八一）に十代家治の養子となり、同六年（一七八六）末に家治が死んだので十一代将軍になった。大奥の将軍附中臈すなわち御手附中臈はだいたい四人位であったが、家斉の御手附は十倍の四十人ぐらいいた。この他にもあったろうが、臨時の御手附であるから、数の内に入らない。

御手附で子を生んだのは十六人いるが、残る二十四人は生まなかったか、流産か、生まれてすぐ死んだかである。生んだ方でも粗製濫造《そせいらんぞう》のため「早世《そうせい》」というのが多いが、男子二十八人、女子二十七人で、合計すると五十五人であった。一号の竹千代君というのはこれ以上の良い名はないはずの竹・千代であるのに、早世している。普通に知られている一号は、淑姫《ひでひめ》である。

水戸斉昭《みとなりあき》の方は多数生産を予想して、子の名も一郎麻呂から十一郎麻呂（慶喜）というように番号を附けた名にしてあるが、家斉の子の方は番号なしなのでわかりにくい。『武鑑』には番号が名前の頭につけてあるが、脱《ぬ》けている者もあって正確ではない。

五公五民《ごこうごみん》という税制から、収穫の五割は年貢《ねんぐ》に取られる農民は、一児か二児を残して間引《まび》くという産児制限をしていた時代であり、それも出来なくなると農民一揆《いっき》を起していた。あるいは娘を売って女郎や芸者にしていた時代でもある。しかし将軍の子ともなると、そのような事は出来ない。

農民と将軍とが共通しているところが一つあった。それは農民が新田を増加する余地がなくなっているのと同じように、将軍の方も三家・三卿のように領地を分与《ぶんよ》する余地がなくなっていたという事である。そこで将軍の方は、押附け聟や押附け嫁をやらなければ、子供のはけ口がないという有様《ありさま》であった。好色の結果、自然に子供が五十五人にまで増したというだけで、別に政治や外交手腕があったわけでない家斉は、子供等に関する周旋屋としての副業を老中に頼むより他に方法はなかった。

家斉将軍の子を大名に周旋する老中は、権力をもって彼等を押し附けようとする、周旋暴力団的な性格を持っていた。そのためねらわれた大名こそ良い災難であった。このころの大名は、皆財政難でやりくりに窮《きゆう》している。そんなところへ、たとえ妾の子でも将軍の子が来るとなると、財政負担は急に多くなり、有難《ありがた》く頂戴《ちようだい》出来ないわけである。またお姫様などになると、お附の女中が「殿様より上だ」と威張るのだから、皆恐れをなした。

家斉の第二号淑姫は、三家の尾州家尾張大納言宗睦《むねちか》の嗣子《しし》五郎太へ押附け嫁にやったが、五郎太は嫁を押し附けられた年に死んでしまった。老中も、そこは妾を何人も持つ苦労人だから、淑姫を一橋愷《よし》千代へ再嫁《さいか》させ、五郎太の代わりに六号の敬之助を養子に押し附けた。ところが敬之助も早世したので、一橋愷千代夫婦を養子に押し附けた。これが尾張大納言斉朝である。

斉朝の養子は四十五号の斉温《なりはる》であって、妻は田安斉匡《なりまさ》の娘愛姫であるから、これも夫婦養子であった。従二位大納言になった斉温も早世したので、彼より若い番号の二十八号斉荘《なりたか》とその妻田安斉匡娘猶姫を夫婦養子に押し附けた。田安大納言斉匡の養子に一度なっていた斉荘は、さらに空家の斉温の相続人になったわけである。田安には慶頼（家達の父）という実子があったのに押し附けたが、別に空家が出来たので、そちらの方にしたのである。

三家の紀州家へは十五号の斉順が押附け聟になっている。『武鑑』には（十三号として番号がずれているけれども）、紀伊大納言治宝《はるとみ》卿が御養子正二位大納言斉順としてあり、妻は家附の豊姫である。紀州藩の財政がひどくがたつき始めたのは、このころからである。斉順の家来は妻が派手でぜいたくだったから本家風を吹かせた。

三家の水戸家は由来《ゆらい》貧乏で有名だったが、老中はそこへ目を附け、十一号の峰《ほう》姫《ひめ》を水戸中納言斉修《なりのぶ》の嫁に押し附けた。条件としては嫁の化粧料一万両、手当てとして毎年三千両、古借金は元《がん》利棒引《りぼうびき》というわけであった。一年の手当三千両は、弱味につけ込んで一万両まで値上げされた。斉修が死んだので、さらに四十七号の斉彊《なりちか》を養子にしようとした。斉彊は清水家へ十万石の持参《じさん》金《きん》附で養子にいっているのを、水戸家へ肩代わりさせようとしたのである。

水戸家には斉昭という好色家で質も良くない相続人がいたが、欲の深い重臣は十万石の方に目がくらんだ。十万石持って来るとはいえないが、嫁の持参金よりはいいわけであるからである。しかし水戸家の下級家来がそれではわれわれの方が困ると反対し、ついに中止されるという暴力運動となり、由来《ゆらい》水戸藩は嬶《かかあ》勤王であったのが、尊皇攘夷《そんのうじょうい》にまで発展したという持参金附き嫁聟であった。斉彊の方は紀伊大納言斉順の養子になった。

越前《えちぜん》家というのは結城秀康以来、越前福井藩主であった徳川一族であるが、この松平越前守斉承《なりつぐ》に十九号の浅姫が配当された。これも財政難であったが、二万石増封という持参金附である。浅姫の子の於義丸が早世すると、すぐ四十八号の斉善《なりさわ》を押し附けた。二男・三男が生まれるかもしれないなどとは考えていられなかったのである。この斉善の子が、幕末の日和見《ひよりみ》で有名な正四位下中将慶永である。この慶永も斉善の実子ではなく、田安斉荘の養弟となっていた者である。斉善が二万石の持参金附であったのは、瞽《めくら》だったからである。武士としては全く失格者であるのに、押し附ける方も、もらう方も、共にどうかしていた。まさに天下太平の押附け聟であった。

会津藩松平肥後守《ひごのかみ》容衆《かたひろ》へは、二十四号の元姫が押し附けられている。この孫に当たるのが京都守護職の容保《かたもり》であるが、これも実孫ではない。

讃岐《さぬき》高松《たかまつ》藩主松平讃岐守頼胤《よりたね》も、二十六号の文姫《ふみひめ》を押し附けられている。高松藩主は水戸の分家である。

美作《みまさか》津山《つやま》藩主松平越後守《えちごのかみ》斉民は、家斉の三十六号であるが、斉孝の養子に押し附けられた藩主で、妻は斉孝の娘であるが、早世している。

播磨明石藩主松平左兵衛督斉韶《はりまあかし なりつぐ》の養子になったのは、家斉の五十三号の斉宣《なりこと》である。斉韶には男子もあり、弟もいたのであるから、これこそ押附け聟である。斉宣の養子には斉韶の三男慶憲がなっている。十万石格ではあるが、実際は八万石であった。この斉宣は講釈で知られている明《あか》石の斬捨御免《きりすてごめん》の殿様である。

「十万石のうち五万石を幕府に献ずるから、参勤道中《さんきんどうちゅう》で斬捨御免を認めてもらいたい」と、交換条件を持ち出したといわれているのだ。これは封高の八万石を十万石格にねじまげて作ったものであるが、参勤道中での人殺しは事実であった。

斉宣が木曽路《きそじ》を通った時、猟師の三才になる子が行列の前を横切ったので、明石藩士は本陣《ほんじん》へ捕《とら》えていった。近郷の神主・僧侶まで出て救命を願ったが、斉宣は承知せず、ついに幼児を斬《き》ってしまった。尾州藩ではさすがに明石侯の領内通行禁止を通告した。このため木曽路も東海道《とうかいどう》も公然と通れず、潜行する事にしたが、殺された幼児の父親は斉宣を猟銃でねらい、ついに弘化《こうか》元年（一八四四）に射殺した。殺されたのでは没封になるので病死の届けにし、幕府でもそれを認めた。父も精神病であったが、この子は殺人の方の精神病であった。殺されても病死になったのは、井伊掃部頭《いいかもんのかみ》（井伊《いい》直弼《なおすけ》）の前例になったといえる。

川越《かわごえ》藩主松平大和守斉典《やまとのかみなりつね》の養子には、五十二号の斉省《なりやす》がなっている。斉省の妻は祖父に当たる直温の子を斉典の養女にしたものである。

四十六号の斉良《なりまさ》は石州《せきしゅう》（石見《いわみ》国の別称）浜田《はまだ》藩主松平右近将監《うこんしょうげん》斉厚の養子になったが、妻は斉厚の子であるから、これも押附け聟の方であろう。

以上は同族への押付け嫁聟であるが、この他に譜代《ふだい》大名・外様《とざま》大名への押附けもあった。生まれる子も自然のままであり、押し附けられる方の缺（欠）員も自然のままであるから、血族・譜代・外様と区別してかかれず、行きあたりばったりのその時勝負であった。血族の方が満員なら次は譜代、譜代が満員ならば外様などといっているわけにもゆかないほどに生産過剰だったのだ。

播州《ばんしゅう》（播磨《はりま》国の別称）姫路《ひめじ》の酒井雅楽頭忠実《うたのかみただみつ》の養子忠学《ただのり》へは、家斉の四十三号喜代姫が嫁にいったが、これは押し附けられても喜んでもらった嫁であった。というのは酒井は譜代であるが、喜代姫をもらう事で御一門に昇格できると考えたからである。ところが、御一門の屋敷にある中仕切門を、大手門の酒井家上屋敷にも建てたところ、やはりそれはいけないと抗議されたため破壊し、家老が切腹する騒ぎまで起きてしまった。

老中間で敬遠したのかしれないが、譜代の方への押附けは右に挙げたぐらいしかなく、非常に少ない。一方、外様大名の方には多い。しかし外様大名の方も、もっぱら嫁入りの姫だけであって、聟は二家しかない。

八号綾姫は仙台《せんだい》藩伊達《だて》氏へ、三十号盛姫は佐賀《さが》藩鍋島《なべしま》氏へ、三十二号和姫《かずひめ》は長州《ちょうしゅう》藩毛利《もうり》氏へ、三十四号溶姫《ようひめ》は加賀《かが》藩前田《まえだ》氏へ、四十一号末姫は広島《ひろしま》藩浅野《あさの》氏へいった。

男子では三十一号の斉衆《なりひろ》が、池田因播守斉稷《いんばのかみなりとし》の養子となっているが、これは斉稷の娘へ押し附けた養子である。しかし早世したので、斉衆の次代は幸いなことに斉稷の子斉訓が相続している。

もう一人の男子は四十九号の斉裕《なりひろ》で、阿波徳島《あわとくしま》藩主蜂須賀《はちすか》弾正大弼斉昌《だんじょうだいひつなりまさ》の養子となった。これらの多くは家斉の粗製濫造《そせいらんぞう》が祟《たた》って、聟嫁にならないうちの早世というのが非常に多く、なった場合でも早世が多かった。

これらの配給子女のうち、今でも知られているのは、東京大学の赤門《あかもん》すなわち御守殿門《ごしゆでんもん》を建てさせた溶姫である。大学構内はもとの加賀藩上屋敷であって、溶姫を嫁に迎えたのは加賀宰相《さいしょう》斉泰《なりやす》である。『武鑑』にも「御内室《ないしつ》将軍家斉公御姫君」と特記してある。当時加賀藩の財政は火の車であって、銭屋五兵衛《ぜにやごへえ》に密貿易《みつぼうえき》をさせ、その上前《うわまえ》をはねなければならぬほどに窮《きゅう》していたのに、ぜいたく極《きわ》まりない押附け嫁をもらったのはどうかと思う。溶姫の新殿は新築するし、従ってきた侍女《じじょ》は多いだけでなく、藩主を「加賀守」と呼捨てにしているし、いかがわしい女まで出入させるというような横暴さであった。

この加賀藩の溶姫と広島藩の末姫の生母は、お美代の方という家斉晩年の寵 妾《ちょうしょう》であった。お美代の方の養父は中野播磨守《はりまのかみ》（後の石翁）となっているけれども、実父は中山法華経寺派《なかやまほけきょうじ》の日啓という堕落《だらく》坊主で、お美代の方はその四人兄妹のうちの一人であった。駿河台《するがだい》の中野の屋敷に奉公していたが、中野が小姓《こしょう》から小納戸頭取《こなんどとうどり》に昇進した機会をつかんで自らも大奥へ住み替え、ついに家斉の寵妾となったのである。日啓は雑司ケ谷《ぞうしがや》の感応寺創立に暗躍《あんやく》したが実現されず、獄中で死んでしまった。感応寺の住僧と参詣の大奥女中との間に密通が多くあったからで、天保《てんぽう》の改革《かいかく》における廃寺であった。

家斉・家慶時代の大奥女中の総数は約九百人であったが、女中の召使は含まれていない人数であるから、召使を含めると倍の千五百人ぐらいになる。畜妾《ちくしょう》の数でも非常な費用になるが、それだけでなく誠に驕奢《きょうしゃ》な生活をしている。たとえば有平糖《あるへいとう》の橋を庭中に造るなどの馬鹿馬鹿しい事をしているのだ。この膨大《ばくだい》な費用が、五公五民で搾《しぼ》っただけで足《た》りるはずはないし、府庫《ふこ》※(2)は五代綱吉の貨幣悪鋳ごろから空になっている。将軍家は大名と違って、財政難には貨幣悪鋳という手があり、この事がさらに物価を騰貴《とうき》させ、細民《さいみん》（下層の民）を苦しませたという事である。

※(1)**柳亭種彦**　江戸後期の戯作者《げさくしゃ》。食禄《しょくろく》二百俵の幕臣《ばくしん》であった。草双紙《くさぞうし》（通俗的な絵入りの読物）の第一人者といわれる。紫式部《むらさきしきぶ》の『源氏物語』を室町《むろまち》時代に移して翻案《ほんあん》した『偐紫田舎源氏』などが代表作。

※(2)**府庫**　貨財を収め入れておく蔵。

皇城《こうじょう》の生活

江戸城明渡し

薩長土肥の軍を主力とする西軍の東山道軍《とうさんどう》が板橋《いたばし》に至《いた》り、東海道軍《とうかいどう》が高輪《たかなわ》に迫《せま》って、江戸城を攻《せ》めようとしたのは、慶応《けいおう》四年（一八六八）二月である。江戸城主の徳川慶喜《とくがわよしのぶ》は恭順罪を謝して上野《うえの》に退《しりぞ》き、勝安房守《かつあわのかみ》（勝海舟《かつかいしゅう》）は江戸城の明渡し、城内住居の家臣を城外に出す事も加えた歎願書《たんがんしょ》を西軍に出して承諾《しょうだく》を得た。

四月四日には西軍の先鋒《せんぽう》柳原前光が勅使《ちょくし》として、西郷隆盛《さいごうたかもり》以下参謀《さんぼう》五名を率《ひき》いて江戸城に入り、慶喜処分と城地《じょうち》明渡しの命を伝えた。城中には田安《たやす》・一橋《ひとつばし》の二人を始め、参政《さんせい》・大小目付《めつけ》等が列座《れつざ》して、江戸城明渡し、その他の処分書を受け取った。二十一日に有栖川宮総督《ありすがわのみやそうとく》が江戸城に入り、閏《うるう》四月二日には、田安慶頼・大久保一翁（忠寛《ただひろ》）・勝安房（勝海舟）に命じて、江戸市街の取締まりを命じた。四月四日には平和裡《り》に総督府の手に移った。四月二十一日には、旧町《まち》奉行《ぶぎょう》石河河内守《かわちのかみ》・佐久間鐇五郎《おの》の二人を改めて市政に任じた。

東都呉服橋光景

この慶応四年九月に改元して明治《めいじ》元年としたのであるが、改元前の七月十七日に「自今《じこん》（今より後）江戸を称して東京とせん」との詔《みことのり》を発し、江戸城は東京城と改称になったわけである。この地名改称は、もと水戸藩士《みとはんし》で岩倉《いわくら》具視《ともみ》附の北島千太郎の建白書によるという事である。この時に鎮台《ちんだい》府を鎮将府とし、鎮将に右大臣三条実美《うだいじんさんじょうさねとみ》を任命したが、東国だけの政治権力を握っただけで、これより前の一月十三日、京都九条邸に置いた太政官《だじょうかん》が上にあった。太政官は神祇《じんぎ》・内国・外国・海国・陸軍・会計・刑法・制度の七分科であったが、神祇を最高位に置いてあるのは注意を要する事である。

天皇の東京城入城

明治元年（一八六八・九月八日に改元）九月二十日に京都を発した明治天皇は、十月十三日に東京城へ着いたが、供をする者は三千人といわれた。しかし一か月余いて十二月二十二日京都へ帰り、翌二年（一八六九）三月七日に京都を発し、二十八日に東京城へ着いた。これからは東京城に長くいる事になった。

東京遷都《せんと》の主唱者は鍋島閑叟《なべしまかんそう》（佐賀藩主）に従って京都に来ていた大木伯であるという説があり、賛成した主な者は、木戸孝允《きどたかよし》・有栖川宮・三条実美・大久保利通《おおくぼとしみち》らであった。

関東では将軍を公方様《くぼうさま》として知っているが、京都の天子様《てんしさま》の方は知らなかった。大阪朝日新聞主筆・宮内省御用掛などをつとめた西村天囚《にしむらてんしゅう》の小説『屑屋の籠』に、天皇を知らなかった百姓の話が、次の通り見える。

昔時《せきじ》は将軍大名の臀下《でんか》に生息せし百姓は、上にかぶさる蓋の為に、王様の京都に在《おわ》しますをも知らざるほどにて、当時の天子は即《すなわ》ち白山なり。御維新後、大政《たいせい》古《いにしえ》に復《ふく》し、四民合一《しみんごういつ》の真似《まね》をしてより、始て億兆人民は一天万乗《いってんばんじょう》の君を拝《はい》し、世に上もなく、尊《とうと》きは唯御一人《ただおひとり》と申事《もうすこと》を漸《ようや》く納得するに至《いた》れり。

戦国末には大名でも天皇を「王左衛門々々々々」といっていたといい、王左衛門は天照皇大《あまてらすこうたい》神宮《じんぐう》の真直《まっすぐ》の御筋目《すじめ》だと聞かされると、それでは神様なのかと仰天《ぎょうてん》した話がある。『幕府衰亡論』にも、次の通り「将軍・大名・旗本が買っている官位は、神社の御礼のようなものである」と、はっきりいっている。江戸城が皇城にされたのも、この信仰がわからないと納得出来ない。

其《その》多数は如何《いかん》と云《い》へば、其実《そのじつ》は朝廷《ちょうてい》の尊きを知りし迄《まで》にて、天子様は神様なりと心得《こころえ》たるに過《す》ぎざりき。況《いわん》や関東の武士・百姓は、将軍あるを知て、天子あるを知らざりしに於《おい》てをや。然《しか》るに徳川《とくがわ》氏《し》の初《はじめ》よりして、諸大名《しょだいみょう》・旗本《はたもと》等をして、朝廷ある事を第一に知らしめたるは任官叙位《にんかんじょい》なりとす。

将軍家は貴《とうと》しと雖《いえ》ども、其の従一位《じゅういちい》太政大臣《だじょうだいじん》近衛大将《このえたいしょう》右馬寮《うまりょう》御監淳和奨学両院別当《じゅんなしょうがくりょういんのべっとう》源氏長者《げんじちょうじゃ》征夷大将軍《せいいたいしょうぐん》と云へる長々しき官位は、朝廷より賜《たま》わる。将軍宣下《せんげ》官位昇進《かんいしょうしん》の式を行いて拝受《はいじゅ》せられたりき。諸大名は幕府《ばくふ》の臣下《しんか》にこそあれ、決《けっ》して朝廷の臣下に非《あら》ざるの制なりしかども、是《これ》を栄《えい》するに官位を以《もっ》てするの一義《いちぎ》に到《いた》りては、朝廷に奏上《そうじょう》し、其口宣位親等を乞受《こいうけ》て、之《これ》を与《あた》へざる可《べ》からざりき。

維新革命の実相《じっそう》

徳川氏は国泥棒《どろぼう》の大なる者で、国を切り取った最大な者であるとすれば、大名・旗本は国泥棒の小なる者である。これら朝廷とは何の関係もない国泥棒を、朝廷の臣《しん》として公認したのが官位である。したがって江戸城を占領して天皇の東京城としても、理論的には矛盾はない。もちろん天皇が神風《かみかぜ》を吹かせて徳川を降伏させ、江戸城をも天皇の神殿にしたというわけでなく、神風の実態は、外様《とざま》大名を主とする、下級家臣の其日《そのひ》の生活にも困る者たちが、上級家臣を押えて藩政《はんせい》権《けん》を握《にぎ》った上での合言葉——下級武士革命用の「尊王攘夷《そんのうじょうい》」の神風であった。大泥棒に対していえば、薩長《さつちょう》等小泥棒集団の旗印《はたじるし》の神風といえる。この実態は日清《にっしん》戦争のころに発行された『明治歴史』（坪谷水哉）がはっきり次の通りいっている。明治天皇を実態とした神武《じんむ》天皇宣伝も、これがためであって、橿原《かしはら》神宮に当たるのは東京城であった。そして神武紀元が明治紀元、神武辛酉《しんゆう》革命が戊辰《ぼしん》革命になっただけである。

新政府が神道《しんとう》を尊崇《そんすう》せざる可《べか》らざるの一理由あり。抑《そも》そも維新の革命は、薩長以下数藩によりて成《な》されたりと雖《いえ》ども、其の真成《しんせい》の功業《こうぎょう》は、各藩中少数の俊秀《しゅんしゅう》の士の為に奏功《そうこう》せられたるものなり。而《しこう》して一旦幕府を倒《た》おし、新政府を組織するや、其功《こう》に報《むく》うる為にも、亦《また》新政府各般《かくはん》の事業を施設《しせつ》する為にも、必《かな》らず此等《これら》各藩俊秀の士をして、政府の要路《ようろ》に立たしめざる可らず。

然《しか》るに此等の士は多くは寒孫微族より起り、其の満腹の技倆《ぎりょう》（量）は天下の経論するに足ると雖ども、其門地名望《もんちめいぼう》は公卿 諸侯《くぎょうしょこう》と伍《ご》し、若《も》しくは其上に立て政《まつりごと》を施《ほどこ》すに便ならず。実に当時新政府の政務は、各藩より撰《せん》（選）出《しゅつ》せられたる徴士《ちょうし》・貢士《こうし》の徒、乃《すな》わち参与《さんよ》職によりて決行《けっこう》せらる。然るに其の藩主中には之を軽《かろ》んじ、彼等《かれら》は我家臣のみ、能《よ》く何事をか為《な》さんと思う者無きにあらず。況《いわ》や其の曽《か》って藩籍《はんせき》に在《あ》るの日、上位に坐《ざ》したる同藩の士の如《ごと》きは、皆之を軽んじ、新政府は何する者ぞ、我藩の寒士《かんし》が台閣《たいかく》の上に立ち、俄《にわ》かに衣冠束帯《いかんそくたい》して天下に令《れい》せんとするも、豈《あ》に之に甘服するを要《よう》せんやと冷罵《れいば》する者多し。

此の如《ごと》くなれば、新政府の威望《いぼう》をして、天下の重を為《な》すものは、神威《しんい》に勝《ま》さるは無し。乃わち日本は神国《しんこく》にして、億兆臣民は神の子孫なり。主上（しゅじょう・天皇のこと）は世々（せいせい）神の系統を正しく継受《けいじゅ》し給《たま》へる神孫《しんそん》にして、新政府は神慮《しんりょ》を奉《ほう》じ、組織せられたるものなり。故《ゆえ》に新政府の施設に抗《こう》する者は、神慮に逆《さから》う者なりと宣言せんと欲《ほっ》し、先《ま》づ三職《さんしょく》七科の官制を設《もう》くるや、首《はじ》めに神祇省《じんぎしょう》を置き、以《もっ》て最も祭祀《さいし》の事を重んじたり。故に人皆自《みず》から神州《しんしゅう》の民《たみ》なることを信じ、之に伴《ともな》うて神国《しんこく》の民は敬神《けいしん》の念《ねん》を抱かざる可らず。

この通りであって、東京城の天皇は生神《いきがみ》様であるゆえに、単に天皇の東京遷都だけいったのでは、その実態はつかめない。太平洋戦争後の現代でも、人間になったはずの天皇が生神として礼拝されている二重橋の実態を見ればわかる。

貧しい遷都

江戸時代、天皇の生活はいくらか良くなったが、足利《あしかが》時代は喰《く》うにも困ったらしく、河端道喜という餅屋《もちや》が、毎朝餅を献上《けんじょう》していた。天皇は「朝のものはまだ来《こ》ぬか」といっていたそうである。公家《くげ》になると、江戸時代でも三十石公家といって、幕府の二条の蔵《くら》から年に三十石をもらっていた。

先述した『屑屋の籠』にも、京都にいたころの公家生活が描いてある。院号は仮名で、他は事実である。

長袖《ながそで》（公家）やがて横柄《おうへい》に会釈《えしゃく》して、余《よ》はかしこくも正三位の位階《いかん》を辱《かたじけなう》せる酒乱院色好朝臣《あそん》と云へる西京《さいきょう》（京都の異称）の訛族なり。身は貴《とうと》けれども、いぬる御維新の前までは、公家公家と人皆馬鹿にして朝家《ちょうか》の奴隷《どれい》と賤《いや》しめられ、位は無性に高けれども、僅《わずか》ばかりの御扶持の外、此迚《これとて》世襲《せしゅう》の財産もなければ、ほとほと糊口《ここう》もなし。兼《かね》て余儀《よぎ》なく父君には、冠装束《しょうぞく》の侭《まま》「簫篳篥《しょうひちりき》を吹くの暇、楊枝《ようじ》をけづり、團扇《うちわ》を張り、歌骨牌《かるた》・花合《はなあわせ》など作り、夜は謡《うたい》をうたいて市中をながし、又は大内(内裏《だいり》)の大炊寮《おおいりよう》より御膳のお余《あまり》を頂戴《ちょうだい》して、装束の袖につつんで帰り――。

としてあるが、これは実際の話であって、岩倉具視も歌骨牌の内職を多くしていたそうである。

このようなわけだから、徳川を征討《せいとう》する総督始め皆金なしであった。東京遷都も金なし遷都だったというわけである。『史談速記録』十七号に、岡谷繁実の当時の話として、

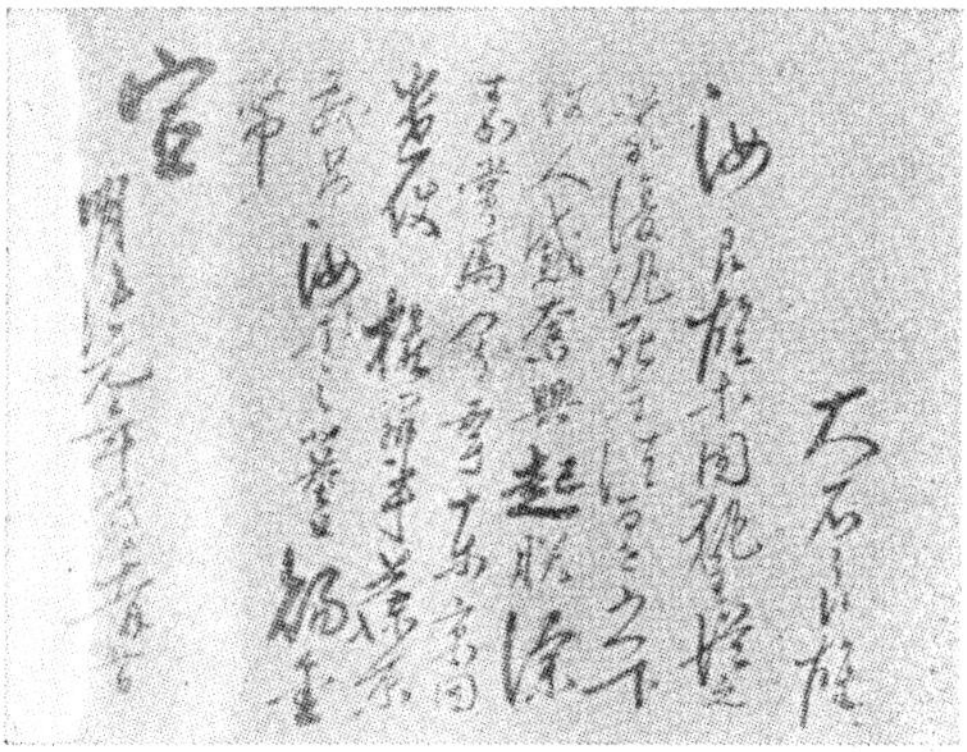

明治天皇の宣旨

明治元年である。人々洶々《きょうきょう》として、今にも軍《いく》さが始まろうというのに、年が明けても、御所には金は一金もない。諸藩は宜《よろし》いが、宮様《みやさま》・御旗(錦の御旗)奉行等の御手当の金がない。夫《そ》れで梨子町に、金穀献納《きんこくけんのう》受取所という大札《おおふだ》を、一番先《さ》きに拵《こしら》へまして、献金を勧誘致しました事で、其時小野善助が一番先に献金した。夫れで征討総督は御出馬《しゅつば》になりましたので、あちらから五百両、こちらから三百両という様に、献金をかり集めて――。

といっている。

明治元年十一月の東幸に際して、泉岳寺《せんがくじ》の大石良雄《おおいしよしお》(大石内蔵助《くらのすけ》)墓へ勅使《ちょくし》を派遣して、忠誠を賞《しょう》した宣旨《せんじ》と金一封を贈った。幼少の明治天皇が赤穂浪士《あこうろうし》の事を知るはず

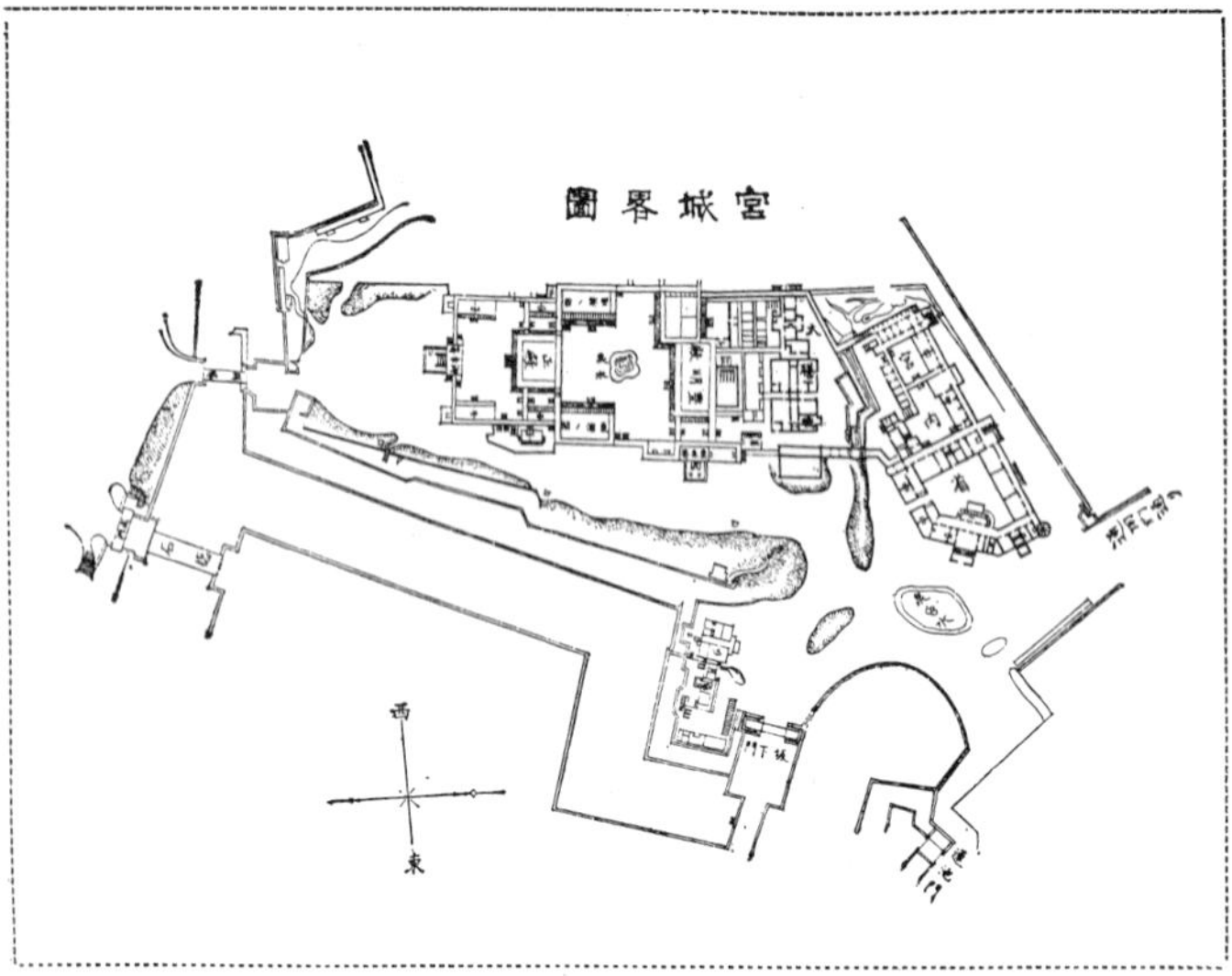

はないし、赤穂浪士は浅野大学の相続を幕府へ願って失敗し、年の暮のやりくりが出来ないところから、敵でもない吉良《きら》邸へ乱入したのだから、仇《あだ》を討《う》っての忠死ではない。この宣旨は岩倉具視が演出したものであり、公憤《こうふん》の名による刺客《しかく》の種《たね》を播《ま》いたのである。土佐《とさ》藩主が「幼《よう》冲《ちゅう》の天子を擁《よう》し」といって、岩倉に不敬千万《ふけいせんばん》と怒られたという、その手の宣旨である。太平洋戦争まで赤穂義士《ぎし》が宣揚《せんよう》され、結果として国民を軍国主義へ走らせたのは、この明治天皇の宣旨であるが、岩倉自身始め刺客に追われたのもこれである。神武天皇宣揚より効果があったのは赤穂浪士であった。

皇城炎上

明治二年三月二十八日東京へ再び来た明治天

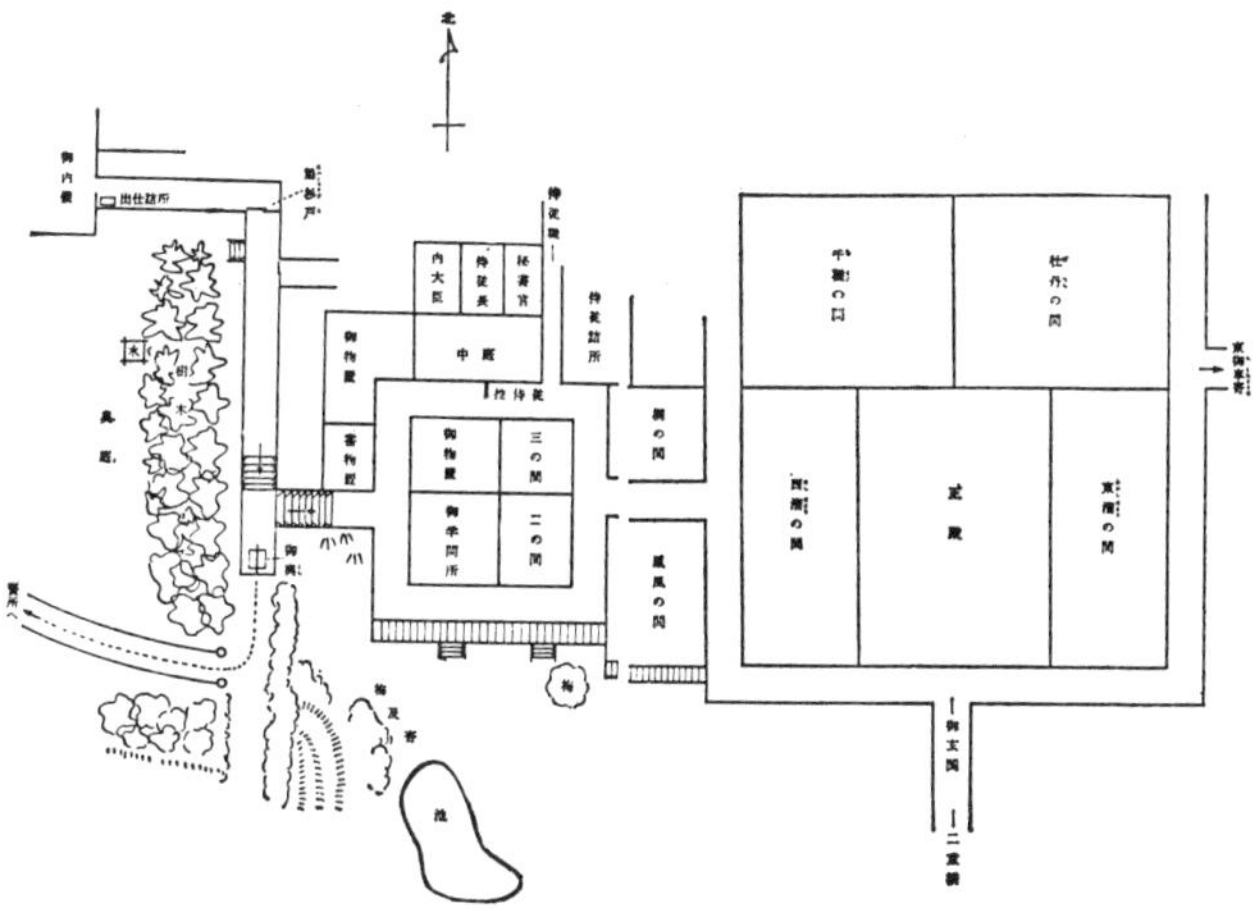

明治宮廷表見取図

皇は、将軍のいた本丸《ほんまる》でなく西《にし》の丸《まる》を皇居《こうきょ》とし、山里（五の丸。富士見丸・富士見台ともいう）に賢所《かしこどころ》を設《もう》け、また東京城を改称して皇城とした。四年には楓山文庫《ぶんこ》跡《あと》に女官《にょかん》部屋を造営しただけで、その他の処の修築はなかった。楓山すなわち紅葉山《もみじやま》には東照宮《とうしょうぐう》始め徳川の霊廟《れいびょう》があったのを、賢所に替《か》えて皇祖《こうそ》の廟としたわけであるが、後に吹上御苑《ふきあげぎょえん》に移した。五年には二の丸跡、吹上などの区域を皇居の地域と定めたが、六年五月五日に北隅の女官部屋の一部から火を失し、西の丸の皇城を焼失し、ために明治天皇は赤坂離宮《あかさかりきゅう》を仮皇居と定めた。皇城をさらに改めて宮城《きゅうじょう》と改称したのは同二十一年である。

六年に炎上した皇城は、七年十月に至って再営される事になり、旧本丸にも諸官省が建築される事になったが、十年から向こう五か年計画で予算は百万円であった。しかし同年、西南《せいなん》の役《えき》のための戦費膨大《ぼうだい》により中止。十六年から向こう七か年で、毎年の予算は百万円ずつ、合計七百万円、他に三百万円――合計一千万円の莫大《ばくだい》な金額であるが、最終的にはこれを二百五十万円に減額して造営した。その後に宮内省《くないしょう》を西の丸から紅葉山下に移すとか、各宮殿の瓦葺《かわらぶき》屋根を銅板《どうばん》葺にし、竣工《しゅんこう》期限を短縮するなどしたため予算も増額した。二十二年一月の官報によれば皇居造営の決算費額は合計金三百九十六万八千二百三十二円余であって、一般国民の献金も加えてある。前々頁に掲《かか》げたのは、風俗画報一号（明治二十二年二月発行）に載《の》った宮城略図である。

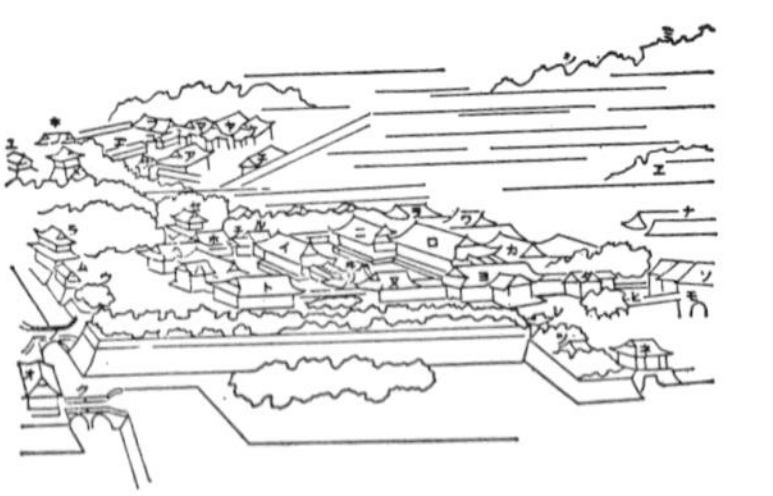

イ 正殿　ロ 豊明殿　ハ 御車寄　ニ 千種ノ間 竹ノ間 牡丹ノ間　ホ 桐ノ間 鳳凰ノ間　ヘ 西一ノ間 西二ノ間 右廂　ト 東一ノ間 東二ノ間 左廂　チ 葡萄一ノ間 葡萄二ノ間　リ 化粧一ノ間 化粧二ノ間　ヌ 東溜

ル 西溜　ヲ 皇太后宮職　ワ 北御車寄　カ 大膳職　ヨ 東車寄 南溜 北溜　タ 倉庫　レ 物見櫓　ソ 宮内省　ツ 皇宮警察　ネ 坂下門　ナ 局　ラ 二重櫓　ム 多門　ウ 乾門　キ 噴水　ノ 二重橋　オ 正門

ク 正門石橋　ヤ 賢所　マ 皇霊殿　ケ 神殿　フ 神嘉殿　コ 柏舎　エ 綾舎　テ 奏楽舎　サ 神楽舎　サ 賢所正門　キ 建安府　ユ 振天府　メ 三角門　ミ 望嶽台　シ 吹上御苑　ヱ 紅葉山　ヒ 火防廊下　モ 非常口　セ 表御座所

戦災で焼失した皇城建物略図

江戸時代の大奥女中は、開城《かいじょう》と共に追い出され、京都の朝廷と公家が入れ替わり、すべてが京都の朝廷そのままに変わった。将軍が聖上《せいじょう》、御台所《みだいどころ》が皇后《こうごう》となったのはもちろんだが、大奥女中は女官となる他に、典侍《てんじ》・命婦《みょうぶ》・女嬬《にょじゅ》など、知られていない女官名も見える。そこで皇居建物名を少し掲げておく。賢所・神殿・皇霊殿・神嘉殿・便殿《べんでん》・神饌所《しんせん》・式部職《しきぶしょく》・参集所《さんしゅう》・聖

上御常御殿・同御湯殿《おゆどの》・皇后宮常御殿・同御湯殿・皇太后宮《こうたいごう》御休所・御霊代及二位局・女官客間・御服所・女官部屋・女官化粧三間・御内儀《おないぎ》掛・典侍部屋・典侍常侍《じょうじ》部屋・命婦部屋・女嬬部屋・雑仕《ぞうし》部屋・買物所・化粧三間・饗宴《きょうえん》所・内謁見《えつけん》所・御学問所・侍従詰所《じじゅうつめしょ》・侍従武官《じじゅうぶかん》詰所・皇族大臣候所・宮内省・大膳職《だいぜんしき》・近衛《このえ》局などである。

この他にも多く建物があったが省略した。このうち饗宴所は豊明殿《ほうめいでん》、謁見所は正殿《せいでん》、内謁見所は鳳凰《ほうおう》の間《ま》、御学問所は御座所《ござしょ》というように名を改めた所もある。太平洋戦争で焼失する前の建物の略図および見取図をここに掲げた。

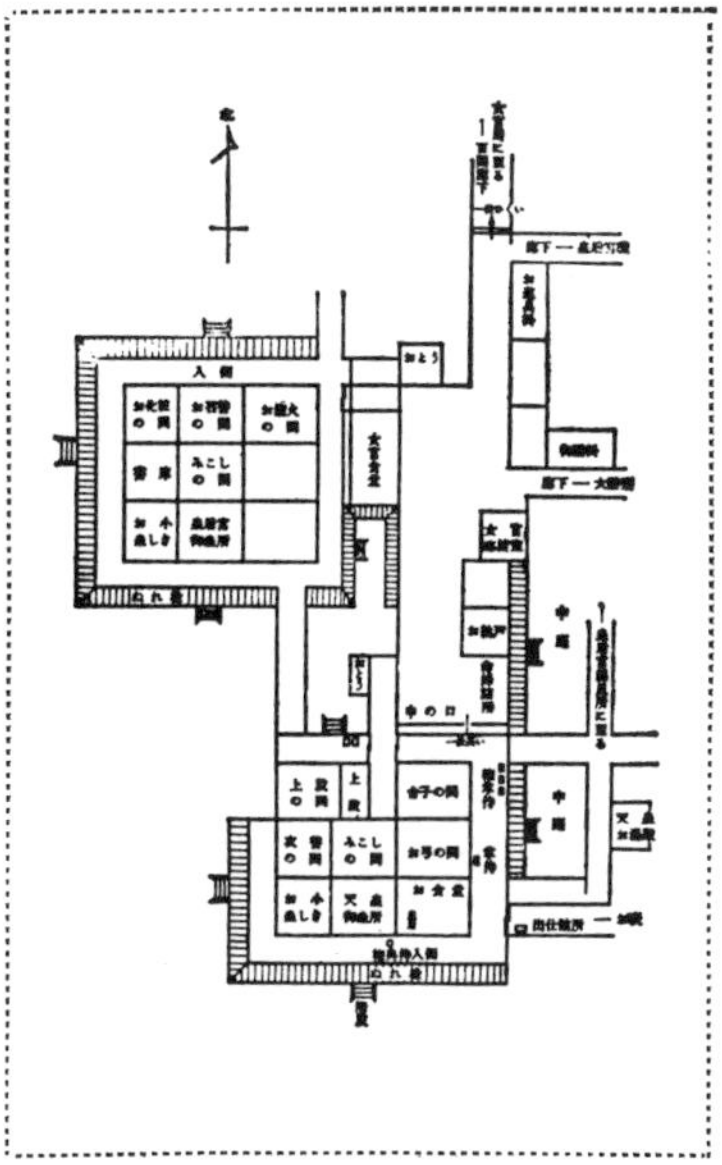
明治宮廷御内儀見取図

御内儀《おないぎ》の生活

「御内儀」は、朝廷では江戸城の大奥に当たる言葉である。したがって天皇の家庭生活の面である。天皇家の女中は女官といい、勅任官《ちょくにんかん》・奏任官《そうにんかん》・判任官《はんにんかん》があって、普通は華族《かぞく》の娘であり、改正されても最低で士族の娘であった。一生涯を通じて、月給五円で判任官にもなれない平民《へいみん》の子とは、初めから違っていたのである。

次に掲げるのは、幕末に一条摂政《いちじようせつしよう》家の侍であった下橋敬長の『幕末の宮廷』(大正十一年版)の「御内儀の御様子」に見える女官である。東京城が皇城・宮城になっても、女官の役目にはあまり変化がなかったようである。(文体は原文のまま、仮名遣いなどは読みやすいように整理した)

次に御内儀の御様子を申し上げます。ご承知の通り御内儀と申しますと、朝廷の奥向きでございます。その奥向きの女官と申しますのは、典侍局《つぼね》・内侍《ないし》局・命婦・女蔵人《によくろうど》・御差《おさし》・下の方で御末・女嬬・御服所などでありまます。これが日々出勤をいたしまして、天子の御側《おそば》近い所で勤めます。御末は御側へは行きませぬ。典侍と内侍と命婦が御側に勤めております。典侍局は七人おりますが、その中で大典侍というのは、格別のご身分でございまして、奥向きの女官のお頭でございます。そうして大典侍という官は、時々変わらぬ置据《おきすえ》でございます。その次に新大典侍・権中納言典侍・宰相《さいしよう》典侍・按察使《あぜち》典侍、これらは時々変わりますが、そういう職名を置きます。それから新典侍・今参などがあります。それから内侍局は四人でございまして、お頭は長橋局《ながはしのつぼね》、官は勾当内侍《こうとうのないし》、その次にこれも時々変わりますが、小式部内侍《こしきぶのないし》・中将《ちゆうじよう》内侍・右衛門《うえもん》内侍、これは有職《ゆうそく》では「ヨモノ内侍」と申します。それから新内侍、ごく新しい人は今参、一箇月で新典侍さんになられます。

それで典侍局は、堂上《とうしよう》の中で格別の家柄の娘でございませぬとなれませぬ。ただ今でたとえて言いますと、伯爵《はくしやく》の娘と思《おぼ》し召《め》したら宜《よろ》しいかもしれませぬ。伯爵のみと申すわけではありませぬ。

今城さん、櫛笥さんなどは格別のお家柄で、頭中将《とうのちゅうじょう》に任《にん》ぜられます家でございまして、子爵《ししゃく》になっておられますが、しかしだいたい今日で申します伯爵のお家柄と思し召していただいたら宜しうございます。

そういうふうに、今日《こんにち》のご時節ではございませぬが、いきなり典侍局へ出る家はきまっております。それで今日子爵になられたお公卿《くぎょう》さんがたくさんにあらせられますが、その子爵の家の人が典侍になりたいという事であれば、典侍の家の養女になります。たとえば中山前大納言忠能卿養女、実は倉橋正二位何々卿の娘、こうなりますと、つき出しに典侍に行かれます。倉橋何々卿の娘というだけでありますと、内侍より行けませぬ。今日のご時節は、そこらが開けて来まして、内侍さんにも、典侍さんにも上がっております。以前は親取をしなければ、内侍局の家からは典侍局へは行かれませぬ。それがお規則でございます。今日は命婦からでも、内侍へ上がるお人がございます。以前でございますと、命婦の家と、内侍の家とはご身分が違いますから、親取をしなければ行けませぬ。それは何でございますかと申しますと、命婦は俗に申す地下《ぢげ》（昇殿を許されない家格）の娘でございます。地下でも正三位・従三位・従二位の娘でないと命婦にはなれませぬ。正四位の娘ではいけませぬ。そうして命婦は七人でございます。この中に女蔵人一人、御差が一人、それを合わせて七人でございます。

その三位の家をちょっと申し上げますが、両局の押小路大外記・壬生左大史《だいし》・陰陽寮《おんようりょう》の幸徳井《こうとくい》（身分は諸大夫《しょだいぶ》）それから坊官《ぼうかん》・諸大夫の娘・下賀茂《しもがも》の社司《しゃし》四軒、それは泉《いづみ》亭と申す苗字《みょうじ》と、梨木《なしのき》と申す苗字と、それから鴨脚《いちょう》というのが二軒、都合四軒でございます。それから上賀茂の社司、是《これ》が松下・梅辻・富野鳥居大路・林・森・岡本。松尾《まつお》神社で東・南という苗字、是は二軒です。それから春日が十七軒、これはことごとくは覚えませぬ。それから住吉《すみよし》の津守。江州《ごうしゅう》（近江《おうみ》国の別称）坂本の日吉《ひえ》神社、これが生源寺二軒、樹下《じゅげ》二軒、合わせて四軒。まずそこらの娘が命婦になります。しかし親が三位でないといけませぬ。同じ命婦になれる人でありながらも、親が三位になっておりませぬと、他の三位の人の養女になって出ます。なかなか窮屈《きゅうくつ》であったのです。そうしてそのお名前が唯今《ただいま》と違いまして、今は菊の命婦・桐の命婦・萩の命婦などと申しますが、その時分は一番頭が伊予、二番目が大御乳《おおおち》、あとはすべて伊賀《いが》とか、大和《やまと》とか、駿河《するが》とかいう国名です。

それから御差《おさし》。諸大夫の娘でも、坊官の娘でも、四位の娘でも、御差だけは行けます。唯今は御差というのはございませぬが、その御差のお役は、天子様のお手水《ちょうず》の時にお大便・お小便のお供《とも》をして行くというものです。夜分は御差をお起しになって、御差が蝋燭《ろうそく》をとぼし、手燭《しゅしょく》を持って、天子様の先に立ちお供をしてまいる。

（御内儀には）「おとう」という言葉がございます。大便・小便にいらっしゃるのを「おとう」に成らせらるるというのです。東司と書いて「とうし」とは読みませぬ。「おとう」と読んでいただきます。そうして今は御さるまたでございますが、その当時は絹の六尺《しゃく》の御犢鼻褌《ふんどし》でございます。どうも御差は何をする役だと言われますと返答ができませぬが、それが御差の職掌《しょくしょう》です。

それに妙な御規則でございまして、命婦は総称お下《しも》さんで、お手がかかりまして、われらのいうお手かけにもなります。したがって皇子・皇女もお誕生になります。有栖川熾仁親王《たるひとしんのう》・妙法院入道堯恭親王・徳川有章院殿《ゆうしょういん》（七代家継《いえつぐ》）の御室八十宮は、お下様のお子さんです。お下には、お手のかからぬのが宜《よろし》いのでございますけれども、お手のかかることもある。ところが命婦は天子が物をおっしゃってもお返辞《へんじ》することはならぬ、皆おっしゃるまで黙って聴《き》いている。そうしてお返答は典侍、内侍をもって申し上げる。直接には申し上げることができないのでありますが、御差だけは、お返答を申し上げることができる。なぜと申しますと、命婦はさっき申し上げました御差見たいなご用はございませぬ。どうせよとおっしゃっても、黙《だま》ってお辞儀《じぎ》をしておって、典侍さん、内侍さんに、こうおっしゃったと言って御上へ申し上げてもらう。御差はお手水のお供をしてまいりますから、お返辞も申し上げる。したがって御差がいちばんお親しいそうでござます。現に桂宮《かつらのみや》の生島成房朝臣の娘が駿河と申して、御差に出ておりまして、後に隠居しました。その人に聴いてみましても、お局より却《かえ》って私らの方が、天子様へよく申し上げるというておりました。

それからその下の御末。御末は七人おります。御末の一番頭が尾張と申します。これは四位・五位・六位の有位有官《ゆういうかん》の娘で、表向きのご用の他に、天子の召上がり物をこしらえます。つまり奥御膳番であります。

その次は女孺《にょじょ》です。女孺はお道具方でございます。これも四位・五位・六位の有位有官の娘で七人おります。一番頭を阿茶《あちゃ》、または「あかか」と申します。これはお道具方でございますに依《よ》って、燈火の油を差すこと、今のランプとか、西洋蝋燭というような結構な物はございませぬ。燈油《ともしあぶら》・燈心・日本の蝋燭《ろうそく》、それからお煙草盆《タバコぼん》に火を入れます炭《すみ》、お火鉢《ひばち》に火を入れます炭、そういうものを扱います。その他すべて天子の御側で使います器具を扱《あつか》います。それでもし家のためにしようと思えば、女嬬に上げておくのです。女嬬に上げておきますと、油・割木《わりき》（薪）・炭・蝋燭というような物がもらえます。その他世帯道具というような物までもらえる。半分家で買うたら、半分は御所《ごしよ》からくれます。

その次は御服所、これも七人ありまして、一番上席が右京大夫。この右京大夫は表使《おもてづかい》をかねます。天子のお召物《めしもの》は残らずそこで仕立《した》てまして、命婦さんへ出して、命婦が典侍さんへ出して、典侍がお寝巻《ねまき》でも何でも整理をいたします。この御服所へは、有位有官の者の娘と、無位無官の士分《しぶん》の娘と両方から出ます。ところが御服所へ出ます身分の人が、御末・女嬬に出たいという時には、親取をしなければいけませぬ。先年も使番の谷口、これは無位無官の使番でございましたが、その娘は御服所へ出るのが当たり前であるのに女嬬に出ました。それについておもしろいことが起りました。使番の娘が使番の養女になった。使番の谷口の娘が、使番の石川の娘になった。要《い》らぬことぢゃないか、同じ使番なら谷口の娘で宜いぢゃないかと思われますが、その当時は決して要らぬことぢゃない。谷口は無位無官の使番、石川は使番は兼職で、本職は内舎人《うどねり》、正六位下です。それで石川の養女になった。使番の娘が、使番には違いないけれども、資格が違う内舎人の石川の養女になったというようなおもしろい事も起るのであります。其下《そのした》が仲居《なかい》。これは商法人の娘で、紅木綿の前掛をかけております。

ところが御維新《ごいしん》になりまして、女嬬と御末と御服所をお廃止になりました。その三つを三仲間《ちゆうげん》と申しておりましたが、この三仲間を廃して、すべて女嬬にいたしました。女嬬の中に内訳《うちわけ》がありまして、御末の役を御膳係、女嬬の役を御道具係、御服所を御服係という事にして、官名は女嬬と総称していう事になったのであります。

内侍の御局は大抵五人でございます。そうして天子が紫宸殿《ししんでん》（平安京内裏の正殿）に出御《しゅつぎょ》になります時に、御剣を持っております。これが内侍局の役、典侍局はいたしませぬ。内侍所に刀自《とじ》が五人ありります。これは有位有官の女で、女孺と同等であります。

女官の職務分掌は、まずこんなことであります。

女官の生活

東京城に移った女官たちは、江戸城大奥をはじめ使っていた関係から、その以後も大奥の女中の長屋の間取りをそのまま使い、一の側・二の側・三の側に造っていた。一の側は高等女官である典侍・権《ごん》典侍・掌侍《しょうじ》（内侍）・権掌侍の宅、二の側は命婦・権命婦と称する次官の宅、三の側は女孺といわれる下級女官の宅である。権命婦までの宅は局《つぼね》といい、女孺の下級は部屋《へや》といった。また局前の庭を「おめんどう」というのである。ここに略図を掲げておく。

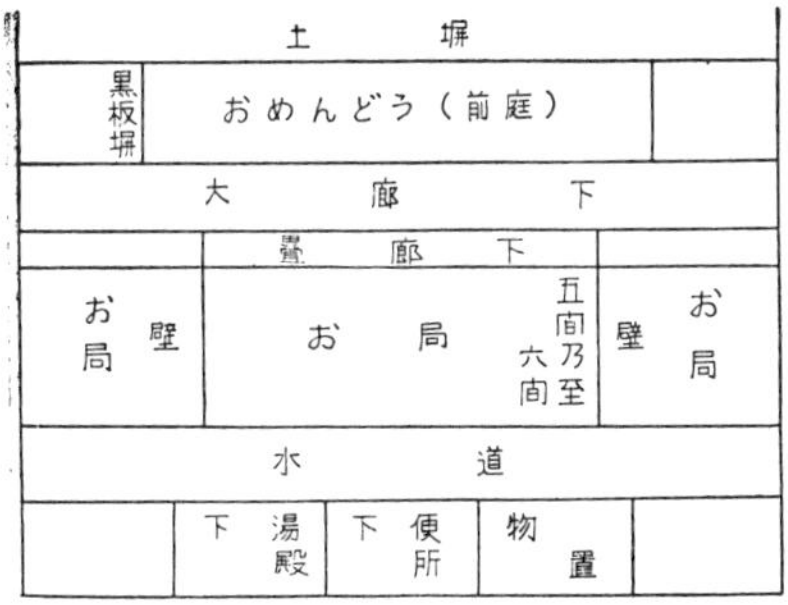

局図（女官より）

畳廊下は、女官が朝化粧する道具を並べておく処である。水道は三局共用で、下便所・下湯殿は針女用のもの。女官用の便所・湯殿は別棟にあるので、この図には見えない。針女とは侍女《じじょ》の事で、その下に下女《げじょ》がいるが、皆女官の召使女であるから、給料は女官の支出となる。

前述の『幕末の宮廷』には、訓のない女官、名の脱《ぬ》けている女官もある。典侍は字音でテンジと呼んでいるが、江戸時代前には典侍の上に尚侍がいて、尚侍を「ナイシノカミ」（内侍司の長官）または「カンノキミ」といい、典侍は「ナイシノスケ」、または「スケ」といっていた。江戸時代は、典侍および権典侍を「スケ」といい、掌侍・権掌侍はナイシ（内侍）といっていた。

右書に脱けていて重要な女官名は、権典侍である。お妾として公然と認められていたのは、命婦の他に、なおこの権典侍を加えなければならない。『女官』（山川三千子著）には、権典侍の事が、次の通り見えている。これは明治天皇時代のことである。

女官の髪型（明治22年、風俗画報1号所載）

権典侍は俗《ぞく》のことばでいえばお妾さんで、天皇のお身のまわりのお世話がその仕事。御内儀においでになる時は、交代で一人は始終御側につめていますので、何かのご沙汰のお取り次ぎもすることになっていました。

やはり宿直《しゅくちょく》も交代で、奥の御寝台のそばに出る人と一間へだてた次のお部屋で、内侍と一しょに休む人とになっていましたが、その当時、御寝台のそばで寝むのは、小倉・園の両権典侍の二人きりでした。

女官は高等官何等という、普通の官吏《かんり》なみに扱《あつか》われていましたが、権典侍だけは本俸《ほんぽう》のほかに、お内儀扱いのお納戸《なんど》から、お化粧料をいただいて特別の存在でございました。

名は同じ権典侍となっておりましたが、姉小路権典侍（源氏名《げんじな》※(1)は藤袴）だけは、仕事が別で、いわば女官副長とでもいいますか、高倉典侍のさしつかえる時には、事務的の仕事いっさいをやり、行啓《ぎょうけい》（外出）のお陪乗《ばいじょう》や、公式の拝謁《はいえつ》等はすべてみな、承《うけたま》わっておられました。——

柳原典侍と大正《たいしょう》天皇

そこへ行くと柳原《やなぎわら》典侍は、ちょっと中途はんぱな存在でした。

両典侍といって、高倉さんとともに第一位に名をつらねて、なかなかの勢力家ではありましたが、若い時は権典侍でしたし、十三歳の時、英照《えいしょう》皇太后（孝明《こうめい》天皇の女御《にょうご》）宮女官として上られたのですから、いわば御所《ごしょ》内で育ったような人で、世間のことは何もわかりませんから、すべて老女「ふき」が一任されておりましたようです。

「ふき」は若い時から長年勤めておりましたので、皇太子様（大正帝）ご誕生の時の有様など、自慢とも愚痴《ぐち》ともつかぬ物語りをよくきかせてくれました。

「お産所《さんじょ》においでになってからも、ひどいヒステリーで、手のつけようがなく、侍女たちはもとより、看護婦さえ、皆お暇を取りましたので、幾日か私一人で寝る暇もなくお世話申し上げました。ご誕生もたいへんお重く、殿下は仮死状態でお生まれあそばしましたが、よくまあ二方様とも、ただ今のようにお元気におなりあそばして」

と涙ながらに述懐《じゅっかい》しておりましたものです。


ここのところ、ちょっとわかりにくいので補足しておく。柳原典侍は大正天皇の生母であり、柳原光愛の女《むすめ》の愛子《なるこ》。大正天皇は明治十二年八月三十一日に生まれている。

明治天皇時代の典侍は、高倉寿子（源氏名は新樹）・柳原愛子（同早蕨《さわらび》）の二人、権典侍は千《ち》種《ぐさ》任子（同花松）・小倉文子（同緋櫻）・園祥子（同小菊）・姉小路良子（同藤袴）・権典侍心得今園文子（同後の白萩《しらはぎ》）の五人である。これ以外は前掲《ぜんかつ》とあまり差はないので省略しておくが、妾は他にも多くあったと聞いている。

幕末の宮廷

そこで前の『幕末の宮廷』の時代へ戻って、さらに明治天皇時代まで述べることにする。

江戸時代の朝廷費用としては、徳川幕府からの贈与が十万石であった。このうち三万二十一石六斗が天皇家の生活費となり、典侍・権典侍以下の者までの費用を含んでいる。皇子《こうし》・皇女《こうじょ》の生まれた場合は、一年間の賄いとして准后《じゅごう》の子は三百石、妾の子は五十石が与えられた。右の権典侍や命婦は五十石の方であった。十万石のうち、上野輪王寺宮《うえのりんのうじのみや》の分として一万三千石は天引された。その残りを宮・五摂家《ごせっけ》とそれ以下の公卿に百五十石・百三十石を最高として分配する。

この他に売《ばい》官位の内職がある。たとえば幕府の老中《ろうじゅう》になると従四位下侍従《じじゅう》、高家《こうけ》も四位少将《しょうしょう》、若年寄《わかどしより》は従五位下を、朝廷に献金《けんきん》して頂戴《ちょうだい》する——つまり買位をするのである。「何々守」というのはまた別に買守していた。この他に、神主《かんぬし》の従五位や僧侶《そうりょ》の法印《ほういん》（四位）・法眼《ほうげん》（五位）・法橋《ほっきょう》（六位）があったが、多くはひそかにやっていた。

中御門《なかみかど》家（藤原北家《ふじわらほっけ》）は菓子屋の方であった。何々堂・何々軒とする「堂」と「軒」は三両、大椽《だいじょう》は七両二分、摂津大椽に藤原何々とすると十両であった。江戸まで出張して押し売りし、集めた金は中御門・持明院《じみょういん》（中御門家の庶流《しょりゅう》）・園・東園・壬生《みぶ》・高野・石山・六角の八家で分配した。「右少弁誰《うしょうべん》」という朝廷の官名で受取書を出すのだから、朝廷へも納める事になっていたであろう。

図書寮史生《ずしょりょうししょう》には、金持ちの蕎麦《そば》屋・魚屋・下駄《げた》屋などが献金してなる。そうすると正七位になれるし、伊勢大椽・武蔵大椽ともなれた。これらは、明治初年には士族《しぞく》になり、判任官《はんにんかん》になった者もあるとの事である。

これらはまだ小さい。幕末の攘夷のやかましいころ、文久《ぶんきゅう》二年（一八六二）には、長州藩《ちょうしゅうはん》が朝廷など へ十五、六万両もバラまいたという噂があり、これに対抗して薩藩（薩摩藩《さつまはん》）も、金額ははっきりしないが、公家・堂上《とうしょう》方へ許多《きょた》の黄金をもって取り入ったといわれる。

長州藩が朝廷へ一万両献金したという噂が『官武通紀《かんぶつうき》』※(2)にも見えている。むやみに朝廷が攘夷の藩主に買収されてはというので、文久三年（一八六三）にはお世帯向きがお気の毒だという理由で、十五万俵を献上した。十一万俵は四斗俵に直すと六万石であるから、三万余石が十万余両になったわけである。五摂家五軒に各五百俵、宮は四軒に各四百俵、三十石堂上には親王と同じに各四百俵が配られた。こうなると「三十石公家」も、最下級の武士が大名になったほどに豊かになった。

孝明天皇毒殺説

孝明天皇は弘化《こうか》四年（一八四七）に紫宸殿《ししんでん》で即位式を挙げたが、その費用は四千三百三十余石であったというから、いかにも貧しい即位式であった。その皇子が明治天皇である。ここに『雲《うん》上《じょう》示正鑑』を掲げたが、嘉永《かえい》五年（一八五二）九月生まれ、慶応三年（一八六七）践祚《せんそ》（皇嗣《こうし》が天皇の位を承《うけたまわ》り継ぐ事）、同四年（一八六八）八月即位となっている。生母は中山《なかやま》前大納言忠《ただ》能《やす》の女である。

中山忠能の女慶子《よしこ》は、孝明天皇二十一才の時に権典侍になり、翌年の嘉永五年に明治天皇を生んだのである。幕府のスパイが京都の天皇の風説《ふうせつ》を探索した報告書が先述した『官武通紀』に次の通り見えているが、将軍と同じく、側近の女官の言だけに頼っていたらしい様子がうかがわれ、純真であったといえよう。

今上《きんじょう》（孝明天皇）は御生（性）質御純良の上、御読書も在《あ》らせられ、非常の主と申上げ奉《たてまつ》る可《べ》し。併《しか》し何分《なにぶん》にも深宮《しんきゅう》に御成長在らせられ、平生《へいぜい》御目に触《ふ》れ候《そうろう》者は、婦人又は堂上方《とうしょう》の柔弱《じゅうじゃく》のみにて、今日に至《いた》り御果断《かだん》の無き、第一の御闕典《けってん》（欠点）と唱上《となえあげ》候。右御果断在らせられざるより、自然無事をのみ御好み遊《あそば》され候事に成《なり》ゆき申候。斯《か》く御美質《びしつ》に在らせられ候故、一点の御私心《ししん》在らせられず、何国迄も天下は是迄《これまで》の姿にて、王政《おうせい》の古《いにしえ》に御復《ふく》し遊さる御望《のぞみ》も御《ご》座《ざ》なく、只々万民《ただただばんみん》の塗炭《とたん》に苦み、御国体《こくたい》の立ざる処より御歎息《たんそく》遊され、確乎《かっこ》攘夷の議《ぎ》に至らせられ候。

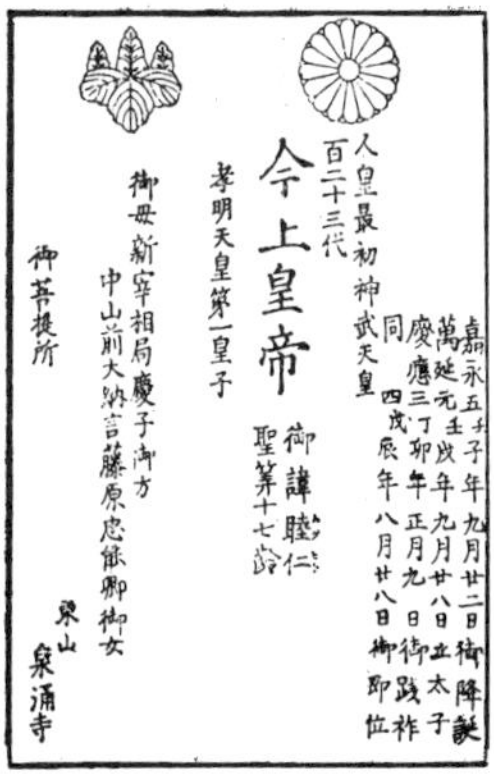
人皇最初神武天皇
百二十三代
今上皇帝
御諱睦仁
聖筭十七歳
嘉永五壬子年九月廿二日御降誕
萬延元壬戌年九月廿八日立太子
慶應三丁卯年正月九日御踐祚
同四戊辰年八月廿八日御即位
孝明天皇第一皇子
御母新宰相局慶子御方
中山前大納言藤原忠能卿御女
御菩提所
泉山
泉涌寺

雲上示正鑑

このように王政復古の意志のない孝明天皇であったから、慶応二年（一八六六）十二月の死は疱瘡《とうそう》（天然痘《てんねんとう》）

ではなく、毒殺であるという説が流布《るふ》したのである。それについては『中山大納言の日記』すなわち明治天皇の生母の父の日記に、次の通り見えている。

慶応三年（一八六七）正月四日

此度《このたび》御痘全ク実痘ニハ在《あ》ラセラレズ、悪性発生ノ毒ヲ献《たてまつり》候。其証《そのあかし》ハ御容体《ようたい》大秘。御内之《の》者モ一切《いっさい》ウケタマワズ、且廿五《かつにじゅうご》日、敏宮（明治天皇）御参《ごさん》ヲ達テ止メサセラレ候へ共《ども》、押切《おしき》ッテ御参リナドハ怪《あや》シムベキ第一ト。此後ナニヨウノ陰計《いんけい》クワダテ候モ計《はか》リガタキ由《よし》、世上《せじょう》モッパラ唱《とな》エ候。例ノ雑説《ぞうせつ》採《と》ルニ足《た》ラズ候へ共、当時ノ形勢《けいせい》ニテハ、実ニ油断《ゆだん》コレナラヌ場モ御座候《ござそうろう》テ、甚《はなは》ダ甚ダ御案《ごあん》ジ申上ゲ候。何卒《なにとぞ》コノ上ハ何事モ御マル〳〵トスマシナサレ、一日モ早ク清明《セイメイ》ノ天日《てんじつ》ヲ仰《アオ》ギタク祈リ候事ニ候。

（『明治天皇』木村毅著）

このような状態のうちに、明治天皇は三年に践祚《せんそ》、明治元年八月二十七日に即位したのである。即位の時、天皇は十五才、かぞえ年では十七才であった。要するに、社会のことは全くわからない幼弱の天皇であり、そこに岩倉（具視）および薩長《さっちょう》（薩摩藩・長州藩）の利用価値があったわけである。この岩倉・薩長の天皇利用に反対して、侍補《じほ》（天皇の側近職）の佐佐木・徳大寺・土方・吉井・元田・高崎・米田・建野・山口が結束《けっそく》し、天皇親政《しんせい》運動を起した。ここでは大久保《おおくぼ》利通《としみち》暗殺直後の天皇への奏上《そうじょう》を『明治天皇の聖徳』（渡辺幾治郎著）から取ってみる。

今日は御親政の体裁《ていさい》なれども、事実は内閣大臣《ないかくだいじん》へ御委任《いにん》であるから、自然に天下一般も二三大臣の政治と認めて居る。かの島田一郎等が斬姦《ざんかん》（奸）状《じょう》もこの点を指摘、痛論《つうろん》している。就《つ》いては、今日

観兵式行幸儀式鹵簿6頭曳馬車

より屹度《きっと》御憤発（明治天皇がである）あらせられ、真に御親政の実行を挙《あ》げ、内外の事情にも十分御通じなくては、維新《いしん》の大業《たいぎょう》も恐《おそ》れながら、水泡画餅《すいほうがべい》に帰《き》する。方今《ほうこん》国内の人民が挙って不平を鳴らし居るは、大変革の時故《ゆえ》、已《や》むを得《え》ない人情であるも、行政の当を得ない点も多少ある。その辺深く御感味あそばされ、万事反覆《ばんじはんぷく》、熟慮《じゅくりょ》の上、御施行あらせらるるが肝要《かんよう》である。

これに対して明治天皇は

「汝等《なんじ》一同のいう事は至極《しごく》もっともである。これからきっと注意いたそう」

といっただけであって、なんら実行の様子はなかったし、岩倉（具視）・伊藤（博文）等はもちろん、大臣・参議《さんぎ》は皆反対している。ここでこのような明治政史に触れたのは、明治天皇を政治からそらそうとする、岩倉の裏があったという事を述べる前提としてである。

明治天皇の周囲

明治天皇は、初めから生神《いきがみ》様として安置《あんち》されたのであるから、東京城も皇城というよりは

明治天皇

宮城といった方が適当であろう。生神様自らは、人間どもの強欲《ごうよく》な願いを聞くだけで、人間の仲間には入らないはずであった。すでに述べた寒孫微族の目的では、人間の事が何もわからない生神様の親政はあり得ない事であった。生神様は日本国民の模範《もはん》でなければならず、小学校始め各処に御真影《ごしんえい》なる写真を飾《かざ》り、最敬礼《さいけいれい》させていた。しかし明治天皇自身は、やはり人間である事に変わりなかった。日清《にっしん》・日露《にちろ》の戦争の神になっている事は周知《しゅうち》の通りであるが、家庭的には恵まれた方であるとは考えられない。過渡期《かとき》の時代に即位した天皇には年令の若さと相《あい》まって、的《てき》確《かく》な判断がつきにくかったようである。

日本の家庭は一夫一婦の基礎の上にあってこそ平和が保《たも》たれているわけであるが、明治天皇の家庭は、あまりにも多い権典侍等に取り囲まれて、庶民《しょみん》の考えるような家庭的な生活はなかった。この天皇を生神様として崇拝《すうはい》すれば、一夫多妻の国となってしまう。しかも、徳川将軍のように、好色将軍で方附けられない生神様にされている事に注目したい。

いったい誰がそうしたのかといえば、寒孫微族が親政を避《さ》ける手段であるといえるが、この卑《ひ》劣《れつ》なやり方を事前に正《ただ》す、強力な側近はいなかったのであろうか。天皇は、宮中でも電燈を使わせなかったほどの保守ぶりであって、一か月に四万五千本もの蝋燭《ろうそく》を宮中で使っていた。電燈嫌いの原因は、「宮殿は桧材《ひのき》であり、火の木は火の気を呼ぶ」と女官からいわれたためであったようである。

明治天皇は十六才の時、左大臣一条忠香《ただか》の三女で二才上の富貴姫を皇后とした。後の昭憲《しょうけん》皇太后である。ところが天皇の子は、皇子五人、皇女十人、計十五人ありながら、第三皇子の嘉仁《よしひと》親王（大正天皇）、他に竹田宮《たけだのみや》妃となった昌子、北白川宮《きたしらかわのみや》妃になった房子、朝香宮《あさかのみや》妃になった允《のぶ》子、東久邇宮《ひがしくにのみや》妃になった聰《とし》子の四人だけが知られているにすぎない。その他は夭折《ようせつ》しているし、子のない権典侍等は多いのだが、わからずじまいである。当時の皇族の賄料は、明治六年の『雲上新聞』に次の通り見える。

皇族賄料（正院達書）今般《こんぱん》、皇族家禄《かろく》並《ならび》賜米扶助《ふじょ》等ヲ廃《はい》シ、更《さら》ニ賄料ヲ賜《たまわ》リ、其《そ》ノ他《ほか》改正ノ儀《ぎ》、別紙達書《たつしがき》ノ通リ相心得《あいこころえ》、宮内省《くないしょう》定額、当七月ヨリ一ケ年二千七十六石相減、賄料金六万四十円差《さし》加《くわえ》相渡《あいわた》ス可《べ》ク、此旨《このむね》相達《あいたつし》候《そうろう》事《こと》。

一品　淑子内親王

今般《こんぱん》、皇室家事向《かじむき》改正仰出《おおせいだ》サレ候ニ付《つき》、従前《じゅうぜん》（今まで）ノ家禄給与《かろくきゅうよ》米等総《すべ》テ相廃シ、以来《いらい》賄料トシテ、一ケ年六千八百円宛下サレ候事。（下略）

最後に『纂輯御系図《さんしゅうおんけいず》』の全文を掲げる。これは、明治十年に元老院《げんろういん》が発行した書で、編纂《へんさん》者は横山由清・黒川真頼、検閲《けんえつ》者は福羽美静である。この書は神武《じんむ》天皇から今上《きんじょう》（明治天皇）までの系図であり、発刊時に明治天皇家はまだ十五人の子女《しじょ》になっていなかったため、後に追加してそろえたものである。明治四十四年、四版になっているから、それで子女の全部は終わっているわけである。皇后の実子でない権典侍らの子ばかりであるが、大正天皇だけは、皇后御実子《じっし》儲《ちょ》君《くん》御治定《ちてい》として、俗にいう相続人に認めたのである。

※(1)**源氏名**　紫式部《むらさきしきぶ》作『源氏物語』五十四帖《じょう》の巻名に因《ちな》んでつけられた女官の名。

※(2)**『官武通紀』**　戊辰戦争の会津軍務局頭取《あいづぐんむきょくとうどり》であった仙台《せんだい》藩士・玉虫左太夫《たまむしさだゆう》が書き残した公私記録文を編纂した書。彼が西軍に命じられて自刃《じじん》する前、文久二年（一八六二）〜元治《げんじ》元年（一八六四）の主な事件に関する記録である。

第百二十一
今上

睦仁《むつひと》

母同順子内親王、実従一位忠能《ただやす》女藤原慶子所《しょ》生《せい》、嘉永《かえい》五年九月廿二日《にじゅうに》（陽《よう》暦《れき》十一月三日）生、称祐宮《さちのみや》、万延《まんえん》元年九月廿八日立親王、慶応三年正月九日践祚《せんそ》、明治元年八月廿七日（陽暦十月十三日）即位

（皇女三人略）

皇子

母葉室光子、従三位長順女、明治六年九月十八日生、即日夭《そくじつわかじにする》、諡《おくりな》稚瑞照彦尊

皇女

母橋本夏子、正二位実麗女、明治六年十一月十三日生、即日夭、諡稚高依姫尊

薫子内親王《しげこないしんのう》

母柳原愛子、正二位光愛女、明治八年一月廿一日生、称梅宮、同九年六月八日薨《みまかる》、一年六月

追加

敬仁親王《ゆきひとしんのう》

母同、明治十年九月廿三日生、称建宮《たけのみや》、同十一年七月廿六日薨、十一月

以下追加

嘉仁親王《よしひとしんのう》

母皇后美子、実正二位柳原光愛女愛子所生、明治十二年八月三十一日生、称明宮、同二十年八月三十一日皇后御実子儲君《ちょくん》御治定《ちてい》、同二十二年十一月三日立皇太子

韶子内親王《あきこないしんのう》

母千種任子、正四位有任女、明治十四年八月三日生、称滋宮《しげのみや》、同十六年九月六日薨、二年二月

章子内親王《ふみこないしんのう》

母同、明治十六年一月廿六日生、称増宮《ますのみや》、同年九月八日薨、九月

静子内親王《しずこないしんのう》

母園祥子・従三位基祥女・明治十九年二月十日生、称久宮《ひさのみや》、同二十年四月四日薨、一年三月

猷仁親王《みちひとしんのう》

母同、明治廿年八月廿二日生、称昭宮《あきのみや》、同廿一年十一月十二日薨、一年四月

昌子内親王

母同、明治廿一年九月三十日薨、称常宮《つねのみや》

房子内親王《ふさこないしんのう》

母同、明治廿三年一月廿八日生、称周宮《かねのみや》

允子内親王《のぶこないしんのう》

母同、明治廿四年八月七日生、称富美宮

輝仁親王《てるひとしんのう》

母同、明治廿六年十一月三十日生、称満宮《みつのみや》、同廿七年八月十七日薨、十月

聴子内親王《としこないしんのう》

母同、明治二十九年五月十一日生、称泰宮《やすのみや》

多嘉子内親王《たきこないしんのう》

母同、明治三十年九月廿四日生、称貞宮《さだのみや》・同三十二年一月十一日薨、一年五月

裕仁親王《ひろひとしんのう》

母妃節子、従一位大勲位公爵《くんいこうしゃく》九条道孝第四女、明治三十四年四月二十九日生、称迪宮《みちのみや》

雍仁親王《やすひとしんのう》

母同、明治三十五年五月廿五日生、称淳宮《あつのみや》

江戸時代選書《えどじだいせんしょ》8　江戸城《えどじょう》

2003年11月25日発行

著　者　田村《たむら》　栄太郎《えいたろう》

装　幀　鈴木一誌＋武井貴行

編　集　出版工房ケンブリッジ

発行者　宮田　哲男

発行所　株式会社　雄山閣
〒102-0071　東京都千代田区富士見2-6-9
TEL 03(3262)3231　FAX 03(3262)6938
URL http://www.yuzankaku.co.jp

本文組版　風間章憲・マーリンクレイン

印　刷　株式会社サンヨー

製　本　協栄製本株式会社

©田村栄太郎　Printed in Japan

ISBN4-639-01807-X　C0321

江戸時代選書(全15巻)

第1巻	**朝日文左衛門『鸚鵡籠中記』＊** 四六判／272頁　定価:本体2,300円十税	(加賀樹芝朗著)
第2巻	**忍びと忍術＊** 四六判／256頁　定価:本体2,000円十税	(山口正之著)
第3巻	**大奥の秘事＊** 四六判／148頁　定価:本体1,600円十税	(高柳金芳著)
第4巻	**江戸やくざ研究＊** 四六判／220頁　定価:本体1,800円十税	(田村栄太郎著)
第5巻	**遊女の知恵＊** 四六判／280頁　定価:本体2,300円十税	(中村栄三著)
第6巻	**江戸町奉行＊** 四六判／240頁　定価:本体2,000円十税	(横倉辰次著)
第7巻	**御家人の私生活** 四六判／約240頁　予価:本体2,000円十税(近刊)	(高柳金芳著)
第8巻	**江戸城＊** 四六判／232頁　定価:本体2,000円十税	(田村栄太郎著)
第9巻	**徳川妻妾記＊** 四六判／288頁　定価:本体2,300円十税	(高柳金芳著)
第10巻	**江戸庶民の暮らし** 四六判／約180頁　予価:本体1,600円十税(近刊)	(田村栄太郎著)
第11巻	**大江戸の栄華** 四六判／約240頁　予価:本体2,000円十税(近刊)	(田村栄太郎著)
第12巻	**江戸やくざ列伝＊** 四六判／224頁　定価:本体1,800円十税	(田村栄太郎著)
第13巻	**江戸牢獄・拷問実記＊** 四六判／176頁　定価:本体1,600円十税	(横倉辰次著)
第14巻	**遠島(島流し)** 四六判／約250頁　予価:本体2,000円十税(近刊)	(大隈三好著)
第15巻	**幕末志士の世界** 四六判／約270頁　予価:本体2,000円十税(近刊)	(芳賀　登著)